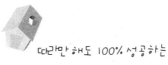

따라만 해도 100% 성공하는

부동산경매

따라만 해도 100% 성공하는

부동산경매

김 종 국 지음

매일경제신문사

인생은 연습이 없다

... 먼 훗날 자신의 삶을 되돌아 볼 때 보람되고 후회없는 인생을 살았노라 고백할 수 있으면 참으로 행복할 것이다.

오늘날 장기적인 경기불황으로 중산층의 붕괴, 신용불량자의 양산, 가계소득의 감소는 심각한 사회문제로 대두되고 있다.

구조조정의 여파로 평범한 샐러리맨이 갑자기 명예퇴직을 당해 새로운 일자리를 찾고, 중소기업의 경영자가 부도여파로 노숙자 신세로 전락하기도 한다.

삶의 질을 추구하는 것은 인간의 기본적인 욕망이다. 부유한 자는 문화생활을 즐기며 삶의 질을 높이고자 하지만 가난한 자는 생활비를 아끼며 가난을 대물림하지 않기 위해 갖은 노력을 기울이고 있다.

어떻게 해야 부자가 될 수 있는가?

부자가 되는 길은 부를 축적하는 것이다. 그것도 가장 합법적이고 합리적이며 정당하게 부를 축적해야 한다.

세계적으로 부를 축적한 사람이나 기업을 보면 부동산은 최고의 수단이자 필연적인 방법이다. 부동산을 취득하고 관리하며 처분하는 것을 잘하는 것이 부를 축적하는 지름길이다.

나는 부동산 경매를 통해 많은 분들에게 부를 극대화하도록 하였고 지금도 법원이나 한국자산관리공사를 방문, 경매와 공매에 부쳐진 물건들을 분석하고 입찰에 참여한다.

경매에 참여한다고 모두가 성공하고 부를 축적하는 것은 아니다.

어떤 사람은 권리분석을 잘못해 입찰보증금을 떼이고 손해를 보기도 한다. 또 대항력있는 임차인이 있는 주택을 경락받아 시세보다 비싸게 부동산을 인수하기도 하며 경락받은 부동산의 점유자가 명도를 거부, 이중으로 비용이 들어가기도 한다.

손자병법에는 「지피지기자(知彼知己者), 백전불태(百戰不殆)」라고 하였다.

"적을 알고 나를 알면 백번 싸워도 위태롭지 않다"는 말이다.

후일 마오쩌뚱은 이를 인용 "적을 알고 나를 알면 백전백승"이라는 유명한 말을 남겼다.

부동산 경매와 공매에서도 이 말은 그대로 적용된다.

경매에서 실패한 사람들은 경매물건이나 상대방을 모르고 입찰에 참여, 시간과 비용을 들이면서도 손해를 본 것이다. 그러나 적을 알고 나를 알면서 경매에 입찰한 사람은 반드시 성공한다.

100%로 성공하는 경매와 공매의 비결은 무엇인가?

이 책은 필자의 실전경험을 바탕으로 최소의 비용으로 최고의 이익을 낼 수 있는 경매와 공매를 통한 부동산 취득과 부의 극대화 방법을 제시하고 있다.

기본편에서는 목표설정에서 명도까지 상황변화에 대처하는 능력을 키워줄 것이다. 또한 부동산 경매에서 성공한 사례와 실패한 사례를 통해 입찰자가 실패하지 않고 성공하는 비결을 제시해 줄 것이다.

이론편에서는 부동산 경매의 첫 걸음에서부터 경매신청과 경매개시 결정, 입찰의 준비에서 낙찰허가와 소유권이전등기에 이르기까지 입찰의 전과정에 대해 경매이론을 체계적이고 완벽하게 알 수 있도록 하였다. 또한 배당절차와 권리분석에 대해 경매신청자와 입찰자 모두가 이해하기 쉽고 알기쉽게 정리하였다.

실전편에서는 입찰자의 입장에서 부동산의 종류별로 입찰에 필요한 권리분석과 물건분석을 하였다. 여기에 나오는 사례들은 최근 몇 년간 법원에서 실제로 입찰에 부쳐진 사건들이다. 이 중에는 유찰된 사건도 있지만 낙찰된 사건을 위주로 권리분석과 물건분석을 해 입찰자의 입장에서 이들을 연구하면 실전에서 반드시 성공하리라 확신한다.

이 책은 경매신청자와 입찰자 모두에게 유익한 정보를 제공할 것이다. 아울러 일반인은 물론 경매분야에서 활동하는 분에게도 도움을 줄 것이다. 아무튼 경매에 처음 참여하고자 하는 분이나 입찰에 참여한 경험이 있는 모든 분에게 도움이 되었으면 하는 마음이다.

끝으로 이 책이 나오기까지 묵묵히 지켜봐준 아내와 물심양면으로 도와주신 많은 분들에게 진심으로 감사의 마음을 전한다.

2004년 10월
금강연구실에서 김 종 국

P_AR^T2 이론편

P_AR_T 3 실 전 편

PART 부록편

PART 1
기본편

사람은 누구에게나 기회가 찾아온다.

그런데 기회가 찾아왔다고 생각하고 그 기회를 붙들려고 하면 이미 기회는 저만치 앞서서 달려가는 것을 보게된다.

아해! 그것이 기회였구나! 하고 깨달으면 이미 기회를 놓쳐버린 자신을 알게된다. 이제 기회를 잡으려면 그 기회가 오는 길목에서 기다리고 있다가 기회가 달려오면 앞에서 기회를 잡아채야 한다.

부동산은 고정되어 움직이지 않은 것 같으나 실상은 부단히 움직이는 유기체와 같다. 임야가 농지가 되고 농지가 대지로 변하며 주거지역이 상업지로 바뀌기도 한다. 이와같이 부단히 변하는 부동산을 어떻게 하면 내 것으로 만들 수 있을까?

기본편에서는 부동산을 통해 부를 증식하고자 할 경우 경매와 공매의 목표 설정에서부터 명도에 이르기까지 상황변화에 대처하는 능력을 키워줄 것이다. 아울러 부단히 변하는 부동산을 기회가 왔을 때 놓치지 않고 잡아채 자신의 것으로 만드는 방법을 제시한다.

목표를 정하라

... **목표없는** 방향은 있을 수 없고 방향없는 전진은 있을 수 없다. 학생이 공부하는 것은 진학이나 취업을 위한 분명한 목표가 있고, 회사의 경영주가 사업을 하는 것은 이윤추구와 기업이익의 사회환원이라는 기업목표가 있다.

부동산을 사고자 하는 사람도 분명한 목표가 있다. 좋은 집에서 평안한 삶을 살고자 하는 사람이 있는가 하면 상가건물을 사서 월세를 받아 생활하고자 하는 사람이 있다. 또 어떤 사람은 부동산을 사서 가격이 오르면 다시 팔아 시세차익을 높이고자 하는 사람도 있다.

2003년도 바람이 선들선들 부는 어느 가을날이었다.

도봉구에 살고 있다는 중년의 여자 한 분이 사무실로 나를 찾아왔다. 그 분은 대뜸 돈을 벌 수 있는 곳에 투자를 하겠다면서 좋은 곳을 소개하여 달라고 한다.

"선생님! 한 2억 원 정도 있는데 어디 투자할 곳 없습네까? 돈 벌 수 있는 곳에 투자 좀 할 수 있게 해 주이소."

"아주머니! 투자를 하려면 먼저 어느 곳에 투자를 할 것인가를 정하고 투자하셔야 합니다. 주택을 살 것인지? 아니면 아파트나 토지에 투자할 것인지? 투자할 대상을 먼저 정하고 투자하셔야 됩니다."

"그런 것 필요없습네다. 그저 돈만 좀 벌 수 있으면 됩니다."

당시 매스컴에서는 서울시에서 2차 뉴타운 지역을 지정한다고 연일 신문지면을 뜨겁게 달구고 있을 때였다.

이미 서울시에서는 시범사업지역으로 1차 뉴타운 지역을 발표하였으며 이 지역을 중심으로 부동산 가격이 급등한 것은 부동산에 관심 있는 사람이라면 모두가 알고있는 상황이었다.

이제 2차 뉴타운 지역이 조만간 발표될 것이라는 뉴스와 이에 대한 후보지역 사람들의 부동산 가격상승에 대한 기대감은 한껏 부풀어 오르고 있었다.

이와같이 부동산 가격이 오른다는 소식이 있으면 뚜렷한 목표도 정하지 않고 부동산을 사겠다는 사람이 이외로 많다. 방금 소개한 중년 부인처럼 돈을 벌겠다는 욕심에 부동산의 속성도 모르고 그저 소문만 쫓아 투자하겠다고 한다.

그런데 부동산에 투자하고자 하는 사람이 투자할 목표를 정하지 않고 무조건 돈을 벌 수 있는 곳에 투자하겠다고 하는 것은 마치 '친구가 장에 가니 나도 따라 가겠다' 는 것과 다를 바가 없다.

투자를 함에는 분명한 목표가 있어야 한다.

투자목적은 개인에 따라 다양하겠지만 투자수익을 기대하는 것은 당연히 포함된다고 볼 수 있다.

때로는 수익을 기대하고 부동산을 사놓은 것이 자신이 필요할 때 팔리지 않거나 오히려 가격이 떨어져서 손해를 볼 수도 있다는 것을 생각해야 한다.

목표를 분명히 한다는 것은 투자수익을 올리면서 혹시라도 손해가 있을 경우 이를 최소화하는데 필요하기 때문이다.

부동산 투자에는 주거의 안정이나 수익의 극대화와 같은 장기목표가 있다.

이에 따라 주택이나 아파트, 토지와 같은 투자대상이 결정되고 이를 취득하는 방법으로 매매 · 교환 · 경매 · 공매와 같은 투자방법이 결정된다.

부동산 투자대상을 결정하려면 먼저 부동산의 종류를 알아야 한다.

부동산은 기준에 따라 다양하게 분류되나 여기서는 일반적인 분류에 따라서 다음과 같이 살펴보고자 한다.

토지는 지적법에 따라 24가지의 지목으로 분류된다.
- 전. 답. 과수원. 목장용지. 임야. 광천지. 염전. 대지. 공장용지. 학교용지. 도로. 철도용지. 하천. 제방. 구거. 유지. 수도용지. 공원. 체육용지. 유원지. 종교용지. 사적지. 묘지. 잡종지

건물은 용도에 따라
- 단독주택. 다가구주택. 다세대주택. 연립주택. 아파트. 기숙사와 같은 주

거용 건물

—점포. 슈퍼마켓. 백화점. 상가건물 등 상업용 건물

—주상복합아파트와 같은 주상복합건물

—관청. 은행 등과 같은 업무용 건물

—여관. 호텔. 목욕탕. 사우나. 예식장. 영화관 등과 같은 위락용 건물

—공장 등 제조를 목적으로 하는 공업용 건물

—교회. 성당. 사찰 등 종교용 건물

—학교. 병원 기타 건물

이제 투자할 부동산이 결정되면 이를 어떠한 방법으로 투자할 것인가를 정해야 한다. 매매로 살 것인가? 아니면 교환이나 경매로 할 것인가?

흔히 경매 컨설턴트를 찾는 분들은 경매는 무조건 싸게 부동산을 살 수 있다고 생각한다.

그러나 경매사건을 세밀히 분석해보면 입찰자 중에는 경락잔금을 납부하지 않아서 입찰보증금을 반환받지 못하거나 명도비용이 예상보다 많이 들어가 손해보는 경우가 있다.

부동산 투자로 최고의 수익을 올리는 방법에는 경매와 공매가 최고의 방법임에는 틀림없다. 수많은 경매물건과 공매물건들 중에는 알토란같은 좋은 물건이 많이 있다. 좋은 물건을 찾아서 적절한 가격에 입찰하여 투자수익을 극대화하는 것이야말로 부자가 되는 지름길이다.

오늘날은 경매와 공매제도에도 많은 변화가 있다.

예전에는 부동산 전문가나 경매브로커와 같은 일부 전문가들의 전

유물처럼 생각되었던 경매가 지금은 누구든지 쉽게 입찰에 참여할 수 있고 공매로 좋은 물건을 낙찰받을 수 있게 되었다.

법원경매가 호가방식에서 입찰방식으로 바뀐지는 이미 오래전 일이다.

이제는 직접 경매법정에 가지 않고서도 우편으로 입찰에 참여할 수 있는 기간입찰제를 실시하므로 입찰자는 시간과 장소에 구애받지 않고 입찰에 참여할 수 있는 길이 열렸다.

또한 기간입찰제에서는 최저경매가격의 10%를 입찰보증금으로 납부해야 하는 기일입찰제와는 달리 보증회사의 지급보증증명서만 있으면 입찰이 가능해 입찰시 목돈 부담을 덜어주고 있다.

한국자산관리공사에서 실시하는 공매제도는 현장입찰방식에서 전면적인 인터넷입찰방식으로 전환하고 있다.

경매와 공매제도가 우편으로 또는 인터넷으로 입찰할 수 있는 새로운 환경에서 부동산으로 성공하려면 이러한 변화의 흐름을 읽고 목표를 분명히 하여 투자해야 한다.

옛말에 '돌아가도 서울만 가면 된다' 는 말이 있다.

하지만 오늘날은 이 말이 적절하지 않다.

왜 돌아가는가? 얼마든지 지름길이 있지 않은가?

중요한 것은 자신에게 가장 적합한 목표와 방법을 택해야 된다는 것이다.

추세선을 그려서
경기흐름을 분석하라

2장

… "아파트 가격이 올라갈까요? 떨어질까요?"

"부동산 값이 오르겠습니까? 아니면 떨어지겠습니까?"

"지금 부동산을 사는 것이 좋습니까? 조금 더 기다려보는 것이 좋습니까?"

요즈음 이와같은 질문을 많이 받는다.

부동산을 사고자 하는 분에게는 매우 중요한 문제이다.

아파트를 샀는데 얼마후에 시세가 떨어지면 얼마나 속상한 일인가!

부동산을 팔고자 하는 분에게도 가격의 등락은 중요하다.

소유하고 있던 부동산을 팔고나니 가격이 오르면 괜히 서둘러서 팔았다고 후회할 것이다.

부동산의 가격이 오를 것인가 아니면 떨어질 것인가에 대해서는 연구기관이나 전문가들 사이에도 견해의 차이가 있다.

부동산 가격이 떨어질 것이라고 주장하는 이들은 우리나라 주택시장에 거품이 있다고 주장한다. 이에 대해 주택시장의 거품론에 반대하는 주장은 우리나라 주택시장은 거품이 거의 끼어있지 않으며 단지 오늘날의 부동산 침체현상은 가격조정기일 뿐이라고 주장한다.

재무자문회사인 딜로이트FAS는 '2004년 이후 아파트시장 중장기 전망'이라는 보고서에서 수요감소 · 공급과잉 · 경기 불투명 · 정부의 부동산 규제정책 등을 이유로 2006년까지는 침체국면을 벗어나지 못할 것이라고 진단했다.

미래에셋증권 리서치센터는 '한국 부동산 : 가격조정인가, 거품붕괴인가?'라는 보고서에서 "앞으로 집값은 급락하기보다는 서울을 중심으로 적절한 가격조정 국면을 거칠 것"이라고 하였다. 이들은 "서울의 아파트 값이 최근 3년 동안 80%가량 급등했지만 최근 15년 동안의 집값 상승률은 같은 기간의 소비자물가 상승률에 못미친다"며 집값 거품이 적절하지 않다고 주장한 것이다.

이와같이 '주택시장이 거품이다'라는 주장과 '거품이 아니다'라는 주장이 팽팽히 맞서있을 경우 어느 것이 정답이며 어떻게 투자하여야 하는가?

투자결정은 궁극적으로 자신의 선택이다.

투자를 할 때는 신중을 기하되 결단력도 필요하다.

'돌다리도 두드려보고 건너라'는 속담처럼 결정하기 전에는 신중해야 한다.

하지만 결정하면 과단성있게 결단하여 기회를 놓치지 말아야 한다.

오늘날과 같은 불확실성의 시대에서는 꾸준히 연구하고 판단해야 한다.

전문가들도 거품이라는 주장과 반대되는 견해로 팽팽히 맞서 주장할 때는 어떻게 할 것인가?

먼저 부동산에 지속적인 관심을 가져야 한다. 물이 있는 곳에 물고기가 있듯이 돈이 도는 곳에 있어야 돈을 벌 수 있다. 부동산으로 돈을 벌고자 하면 당연히 부동산에 관심을 가지고 추이를 지켜보아야 한다. 아파트 가격의 등락을 눈여겨 보고 토지시장을 찾아 보아야 한다. 신문에서 부동산에 대한 기사를 읽고 필요하면 스크랩하여 참고해야 한다.

그런 다음 자기 나름대로 부동산에 투자하고자 하는 곳의 가격추이를 알아야 한다. 필요하면 가격추세선을 그려 보아라. 그러면 다음에 투자할 대상의 예상 가격선이 나올 것이다.

미시경제 뿐만 아니라 거시경제의 흐름도 분석해야 한다.

부동산시장은 나홀로 시장이 아니다.

부동산시장을 둘러싸고 있는 환경의 지배를 받기도 하고 영향을 주기도 한다. 부동산시장에 영향을 주는 환경으로는 금리, 주식시장, 부동산정책, 소비자물가, 건설경기 등 경제전반에 널려있다.

이러한 환경요인이 투자할 부동산에 어떠한 영향을 미치는가 분석하라.

그리고 거시적인 경기흐름을 분석하라.

부동산시장이 호경기라도 전반적인 경기흐름이 후퇴국면에 있으면 부동산시장도 곧이어 불경기가 따라올 것이다. 부동산시장이 불경기라도 전반적인 경기흐름이 상승국면에 있으면 부동산시장도 곧 호경기로 접어들 수 있다.

부동산시장의 경기흐름도 분석하라.

이를 위해선 건설경기와 주택임대차 시장의 흐름을 살펴보라.

건설경기가 활성화되어 활발하게 아파트나 주택을 건축하면 부동산 경기도 좋아질 것이다. 반면에 주택의 공실률이 많아지고 건설하는 아파트나 주택이 줄어들면 부동산 경기도 나빠질 것이다. 아울러 경기가 최상국면에 접어들면 다음에는 후퇴시장이 찾아오며 경기가 밑바닥에 다다르면 다음에는 회복국면이 찾아온다. 물론 불경기가 오랫동안 지속되는 경우와 호경기가 지속되는 경우도 있음을 간과해서는 안된다

경기흐름을 분석하면 다음에 이어질 국면을 예측할 수 있다.

우리나라는 1997년말 외환위기를 겪었다.

IMF 관리체제하의 경제는 일찍이 겪어보지 못한 현상으로 이어졌다. 지금까지 우리나라는 부동산은 사놓으면 떨어지는 경우가 거의 없었다. 이러한 믿음이 1997년말 외환위기로 깨어졌다.

금리는 날이 지나면 하루가 다르게 상승해 연 20%를 훌쩍 넘어섰다.

그러자 금융권에서는 대출금 회수에 나섰고 이에 따라 대출이자를 갚지 못하는 건물주들은 주택이나 건물을 팔려고 내놓았다.

한편 경제가 어려워지자 주택 전세자들이나 상가 임차인들은 영업이 안되므로 보증금을 반환받으려 하거나 내려달라고 요구했다.

부동산 매물은 늘어나고 사려는 사람이 없으니 드디어 부동산 가격

이 떨어지기 시작했다. 아파트의 경우 관리비와 기타 유지비를 생각하여 중·소형 아파트보다 대형 아파트가 더욱 가격이 급락했다.

1998년 2월이었다.

나는 서울지방법원 북부지원에서 실시하는 아파트 입찰에 참가하였다. 감정가 2억 원인 아파트가 2회 유찰되어 감정가의 64%인 최저가 1억2,800만 원에서 경매가 시작되었다.

나는 이 물건에 대하여 물건조사와 권리분석을 하고 최저가보다 조금 많이 써서 경락을 받았다. 물론 시세보다 아주 싼 값이었다.

이 물건은 전회에 감정가의 80%인 최저가 1억6,000만 원에서 경매가 시작되어 최저가보다 조금 많은 1억6,500만 원 선에서 낙찰되었던 물건이다.

전회 낙찰자가 경락잔금일에 잔금을 납부하려고 하니 당시 아파트 가격이 하루가 다르게 하락하여 경매보증금을 포기하더라도 일반매매로 아파트를 사는 것이 유리하므로 결국 당시의 입찰보증금인 경락가의 10%를 포기했던 것이다.

전회 낙찰자는 몇 달 사이에 입찰보증금으로 납부한 1,650만 원을 손해본 것이다.

왜 이런 일이 발생하였는가?

경기흐름을 분석하지 않았기 때문이다.

만약에 경매 입찰자가 경기흐름을 분석하여 아파트 가격이 지속적으로 하락할 것을 알았더라면 섣불리 입찰에 참가하지 않고 기다렸을 것이다. 부동산에 투자하려고 하면 기본적으로 경기흐름을 분석해야 한다.

부동산 가격이 하락하는 시점에서는 현재의 시세가격이 앞으로의 가격이 되라는 법이 없다. 추가하락이 점쳐진다면 조금 더 기다리는 인내가 필요하다.

한편 가격이 상승하는 시점이라면 추가상승을 예측할 수 있다.

이러할 경우 건물주는 성급하게 매도할 것이 아니며, 사고자 하는 사람은 과단성있게 자기가 찾고있는 부동산을 매입해야 한다.

부동산 투자자는 경기흐름에 대한 정확한 분석과 냉혹하리만치 기다리는 참을성과 기회를 만나면 과단성있게 행동하는 결단력이 필요하다.

숲도 보고
나무도 보아야 한다

3장

...어렸을 때의 추억이다.

초등학교 5학년 때 경주로 수학여행을 갔다.

시골에서 처음으로 버스를 타고 어디가 어딘줄도 모르고 깔깔거리며 재미있게 선생님을 따라 다녔다. 모든 것이 신기하고 새로웠다.

경주에 가니 시골에 있는 집보다도 더 큰 무덤들이 즐비하게 늘어서 있었다. 이제까지 뒷산에 있는 조그만 무덤들만 보아서인지 엄청나게 큰 무덤들이 신비하고 놀랍기만 했다.

무열왕릉도 보고 김유신 장군릉도 보았다.

왕릉 입구에는 풍선이며 움직이는 장난감 동물이며 시골아이들을 유혹하는 놀이기구가 즐비하게 널려 있었다.

나는 놀이기구에 정신이 팔려 선생님과 친구들이 왕릉안으로 사라지는 것도 모른채 구경하고 있었다.

그러다가 주위가 조용하다 싶어 퍼뜩 정신이 드니 선생님과 친구들이 보이지 않았다. 깜짝 놀라 주위를 두리번거리는데 마침 왕릉 저 멀리 멀어지는 친구들의 뒷모습이 눈에 잡혔다.

'걸음아! 나 살려라!' 하고 죽어라 뛰어가서 겨우 일행을 만나고 땀을 훔친 생각이 난다.

놀더라도 주위를 둘러보고 환경을 알고 나 자신이 처한 상황을 알아야 한다.

'숲을 보고 나무도 보아야 한다.'

부동산 투자에도 마찬가지이다.

땅을 사러 갔는데 땅 모양이 너무 좋고 반듯해 매입을 하고보니 개발제한구역에 묶여있으면 어떻게 하겠는가?

주위환경을 보고 대상 물건을 분석하고 판단해야 한다.

이를 부동산에서는 지역분석과 개별분석이라고 한다.

지역분석은 자신이 구입하고자 하는 대상 부동산이 어떤 지역에 속하고 그 지역은 어떠한 지역적 특성을 가지고 있는가? 또한 그 지역적 특성은 대상 부동산에 어떠한 영향을 미치는가를 분석하는 것이다.

부동산은 지역의 구성분자로서 당해 지역의 특성은 대상 부동산에 영향을 미친다.

따라서 부동산에 투자하려면 대상 부동산이 속해있는 지역을 분석해야 한다.

호텔이나 모텔을 지으려고 하면서 주거지역에 있는 대지를 매입하면 건축허가가 나오지 않는다. 숙박시설이나 위락시설은 상업지역이나 기타 건축법상 하자가 없는 곳에 있는 땅을 매입해야 한다.

개별분석은 대상 부동산의 개별적 요인을 분석해 그 부동산의 최유효이용을 판정하는데 필요하다.

개별적 요인으로는 일반적으로 대상부동산의 면적, 형상, 일조, 건습, 고저, 교통시설과의 거리, 공공시설과의 접근정도 등이다.

부동산에 투자하려면 먼저 지역분석을 하고 지역적 특성을 파악한 후에 개별분석을 해야한다.

지역분석은 마치 결혼할 신부의 가문, 집안사정, 신부의 형제, 직장, 친구 등과 같이 신부의 주위환경과 같다.

개별분석은 결혼할 당사자인 신부에 비유된다. 즉 신부의 미모, 학벌, 재능, 수입, 성격, 태도 등과 같다.

아무리 가문이 좋고 친구들이 좋아도 신부가 마음에 들지 않으면 결혼할 수 없듯이 부동산도 지역이 좋고 상권이 좋고 주위환경이 좋아도 대상 부동산이 좋지 않으면 투자를 할 수 없다.

부동산 투자자로서 지역분석도 잘하고 개별분석도 잘해 성공한 사례도 많지만 지역분석이나 개별분석 중에서 어느 한편을 소홀히 해 실패한 사례도 흔치않다.

학원 교육가인 J씨가 있다. 이분은 영어를 능통하게 잘해 방송출연도 하고 영어전문 학원도 운영했다.

J씨는 도봉구 창동에서 건물 2층을 임대차로 학원을 운영했는데 이 학원사무실이 경매로 넘어가게 되었다.

나중에야 자기가 세들어 있는 사무실이 경매로 넘어가게 되어 손해를 보게된 것을 안 J씨는 부랴부랴 돈을 마련, 자신이 경매입찰에 참여했다.

그리고 최고가입찰자로 낙찰을 받고 손해보지 않고 평안히 학원을 운영하였다. 그로부터 2년 정도가 지난 후에 J씨는 월세수입을 원하는 임대업자에게 자신이 받은 경매가보다 무려 2배 가까운 금액으로 학원사무실을 팔 수 있었다.

이는 지역분석과 개별분석을 잘 한 결과이다.

이 학원사무실은 창동 전철역에서 근접거리에 있어 교통편이 좋았으며 주위에는 아파트가 많아서 학원이나 임대수입용 사무실이 잘되는 곳으로 지역적으로나 개별적으로 적정금액이면 투자할 만한 곳이기 때문이다.

송이버섯은 소나무 숲에서 자란다.

울창한 숲이 우거진 곳으로 들어가면 소나무가 숨을 쉬고 떨어진 솔잎이 마당과 같이 널부러진 곳이 있다. 그곳은 가슴속 깊이 시원한 소나무 향내가 스며들며 자연의 숨결을 느낄 수 있는 곳이다.

송이버섯이 나는 계절에 소나기가 한바탕 지나간 후이면 어김없이 여기저기 불쑥불쑥 솟아오르는 송이를 볼 수 있다. 마치 남자의 성기 모양처럼 힘을 드러내는 그 모습을 보노라면 자연의 신비가 경이롭기만 하다. 송이버섯을 따려면 소나무 숲으로 가야지 조그만 야산에 가면 안된다.

야산에는 야산에 어울리는 야생화가 있고 송이버섯은 소나무 숲에서 자란다.

숲과 나무가 어울려야 조화가 이루어지듯이 부동산 투자도 지역과 대상 부동산이 조화를 이루어야 최고가치를 낼 수 있다.

숲과 나무가 조화롭게 어우러진 곳은 아름답듯이 부동산도 지역과 개별 부동산이 조화있게 어우러져야 최고의 가치를 빛낼 수 있다.

공적장부는
부동산의 신분증이다

4장

... **해외여행을** 하려면 여권이 필요하다.

출국하거나 입국시에는 반드시 여권을 제시해야 한다.

여권에는 국적과 성명, 생년월일, 발급일자 등이 기재되어 있다.

우리나라 국민은 성인이 되면 누구나 주민등록증을 발급받는다.

그 외에도 학생들에게는 학생증이 발급되고, 공무원들에게는 공무원증이 발급된다. 여권이나 이러한 신분증을 보면 성명, 성별, 나이 등 그 사람의 기본적인 사항을 알 수 있다.

우리는 주택을 사고 팔 때 집문서를 주고 받는다.

소위 집문서라는 것은 다름이 아닌 등기권리증을 말한다.

예전에는 논, 밭이나 임야 등은 땅문서라고 하였으며 주택은 집문서라고 하여 집안 깊숙이 넣어두고 보관하였다.

그러면 주택이나 논, 밭을 사고 팔 때 등기권리증만 있으면 되는 가? 아니다. 부동산을 거래할 때는 반드시 확인해야 할 서류가 있다.

바로 공적장부이다. 이를 간단히 '공부'라고 한다.

사람의 신분을 나타내는 것이 주민등록증이라면 부동산에 대한 위치, 면적 등 그 부동산의 내용을 나타내는 것은 공부이다.

부동산 공부에는 등기부, 토지대장, 임야대장, 지적도, 임야도, 수치지적부가 있다.

등기부란 등기공무원이 부동산의 상황과 그에 대한 권리관계를 '부동산 등기법'에서 정해진 절차에 따라 기재한 공적장부를 말한다.

부동산등기는 부동산물권의 공시방법으로 현행법상 법률행위로 인한 부동산 물권변동은 등기를 해야만 그 효력을 발생한다.

등기부는 그 등기대상 목적물이 토지일 경우에는 토지등기부, 건물일 경우에는 건물등기부로 구분되고 있다.

등기부에는 등기번호란과 표제부, 갑구, 을구로 구성되어 있다.

등기번호란에는 각 토지 또는 각 건물대지의 지번을 기재한다.

표제부는 표시란과 표시번호란으로 나뉘어지며, 표시란에는 토지 또는 건물의 주소지, 지번 등 부동산의 표시와 그 변동에 관한 사항을 기재하고, 표시번호란에는 표시란에 등기한 순서를 기재한다.

갑구는 소유권에 관한 사항을 기재한다.

을구는 소유권 이외의 권리 즉 지상권, 지역권, 저당권, 권리질권, 임차권, 전세권 등에 대한 권리변동을 기재한다.

토지대장, 임야대장, 지적도, 임야도, 수치지적부는 '지적법'에 규정된 지적공부이다.

토지대장은 임야대장에 등록할 것으로 정한 토지를 제외한 모든 토지의 일정사항을 등록하는 지적공부이다.

임야대장은 임야나 그 밖에 정부가 임야대장에 등록할 것으로 정한 토지를 대상으로 하여 그에 관한 내용을 표시, 등록하는 지적공부이다.

지적도와 임야도는 각 토지대장과 임야대장에 등록된 토지에 관한 사항을 알기 쉽도록 도시하여 놓은 지적공부이다.

수치지적부는 지적에 관한 사항을 직각종횡의 수치가 붙어있는 좌표에 의하여 나타내는 지적공부이다. 수치지적은 지적도나 임야도와 같은 도해지적의 경우에 비해 정밀성을 높일 수 있다.

수치지적부는 다른 지적공부와 달리 전국적으로 작성, 비치되는 것이 아니라 소관청이 필요하다고 인정하는 지역에 한하여 작성, 비치한다.

등기부, 토지대장, 임야대장, 지적도, 임야도, 수치지적부와 같은 공부외에 부동산 매매나 경매에서 조사해야할 공부로는 건축물대장, 토지이용계획 확인서 등이 있다.

건축물대장은 시장, 군수, 구청장이 건축물의 소유, 이용상태를 확인하거나 건축정책의 기초자료로 활용하기 위하여 건축물 및 대지에 관한 현황을 기재한 대장이다.

토지이용계획 확인서는 대상 토지의 소재지, 지번, 지목, 면적과 토지이용계획 확인내용으로서 도시관리계획이나 군사시설, 농지법, 산림법, 자연공원법 등 대상 토지에 대한 이용계획을 확인할 수 있다.

부동산을 취득하고자 할 경우에는 위에서 제시한 공부를 조사해야 한다.

이외에도 부동산 물건마다 필요한 서류가 있으면 추가적으로 수집하고 조사해 불의의 거래사고가 발생하는 것을 미연에 예방해야 한다.

경매에서는 이러한 공부 외에 경매진행과 관련하여 법원에 비치한 입찰물건명세서, 임대차조사서, 감정평가서 등을 열람하고 확인해야 한다.

공적장부를 조사하라.

나는 오랫동안 부동산 경매와 일반 매매를 경험하면서 사람들이 공부조사를 소홀히 하는 것을 많이 보았다.

그런데 정작 중요한 것은 공부는 보는데 포인트는 알지 못한다는 것이다. 껍데기만 보고 알맹이는 보지 못한다?

어떤 분들은 등기부등본을 보면서 무엇을 보아야 할 지를 알지 못한다. 그저 등기부를 확인하고 흡족한양 서류를 뒤적인다. 등기부를 그냥 볼 것 같으면 무엇하러 돈주고 애써서 등본을 발급받는가?

등기부는 대상 부동산의 권리관계를 조사하는 것이다.

따라서 등기부를 보면서 진정한 권리자를 확인하고 권리취득에 따른 권원관계를 밝히는 것이 등기부를 조사하는 목적이다.

토지대장이나 임야대장은 대상 부동산의 소재, 지번, 지목, 면적 등을 조사하고 공부상의 면적과 실제상의 면적이 일치하는지 여부를 파악해야 한다.

지적도와 임야도는 대상 부동산의 현황과 이를 도식화한 것으로 지적도와 임야도를 조사할 때에는 대상토지의 모양이나 도로와의 접면 상태, 진입로 등을 조사해야 한다.

유비무환(有備無患)이다.

공부를 조사하되 각각의 목적에 맞게 조사하여 권리취득에 따른 걸림돌을 미리미리 제거해야 할 것이다.

현장조사는 궁합이
맞는지 알아보는 것이다

5장

...우리나라는 전국토의 75% 정도가 산지로 되어있다.

전국 어디서나 차를 타고 1시간 정도만 가면 산내음을 맡을 수 있다.

전국토의 75% 정도가 산지이다 보니 부동산 경매나 매매에서 웃지못할 일이 종종 발생한다.

일전에 강원도 철원 임야가 공매로 나왔다.

한국자산관리공사에서 공매 관련 서류를 조사하고 임야도를 떼어 마을을 찾아갔다. 친구와 차를 타고 현장을 답사하러 간 것이다.

동네사람들에게 지번을 대면서 현장이 어디인지 물어보니 잘 모르겠다고 한다. 그래서 동네사정에 정통한 이장을 찾았다.

마을이장이 그 산을 안다고 하면서 손을 들어 저 멀리있는 산을 가리켰다.

"저 곳이야."

마을이장의 손가락을 따라 바라보니 도무지 어디가 어딘지 알 수가 없다. 손가락을 조금만 좌측으로 하거나 우측으로 돌리면 산 하나가 왔다갔다 한다.

임야를 경매하거나 매매할 경우 현장을 찾는 것이 쉽지가 않다. 임야를 경매받거나 매입하고 나서 현장이 어디인지를 모른다고 하는 사람들을 흔히 볼 수가 있다. 임야의 경우 현장조사가 어렵다. 그래도 이를 방문하고 조사해야 한다.

부동산활동은 '임장활동' 이라고 한다.

현장조사는 자신과 부동산이 서로 궁합이 맞는지 현장에서 확인하는 것이다. 현장에서 조사하고 경계를 확인하고 권리관계를 탐문해야 그 부동산이 자신에게 맞는지 어떠한지 알 수 있다.

그런데 실제로 부동산 경매나 매매의 경우 현장조사를 소홀히 하는 경우를 많이 본다. 법원에 비치된 물건명세서만 보고 입찰에 응하는 사람들이 많다.

현장조사를 하지않고 입찰에 참여하는 사람들은 부동산이 임장활동임에도 불구하고 왜 현장조사를 하지 않을까?

여러 가지 이유가 있을 것이다.

대체로 현장조사를 하지않는 경우는 다음과 같은 부류가 있다.

첫째, 대상 부동산에 대하여 잘 알고 있으며 자신의 투자나 선택에 대해 자신이 있는 경우 구태여 현장조사를 하지 않아도 된다고 생각하는 부류이다.

둘째, 현장조사를 할 시간적 여유가 없다는 부류이다.

경매정보를 사전에 수집하지 못하고 있다가 입찰일자가 임박하였을 때 주위로부터 좋은 물건이 경매에 나왔다는 정보를 입수, 부랴부랴 입찰에 참여하는 경우이다.

셋째, 경매 컨설팅업자를 전적으로 신뢰하는 부류이다.

이들은 경매에 대한 지식없이 '경매로 부동산을 사면 싸게 살 수 있다' 고 생각, 경매 컨설팅업체를 찾아 자신이 입찰받아야 할 부동산의 선택에서부터 입찰참가와 입찰 후 명도에 이르기까지 전적으로 맡기는 경우이다.

넷째, '친구따라 강남간다' 는 속담처럼 부화뇌동(附和雷同)하는 부류이다.

'남들이 입찰에 참여하니까 안전할 것이다. 따라서 나도 입찰에 참여해도 문제는 없을 것이다' 라고 생각하는 경우이다.

그래서 경매현장에서 아파트 입찰의 경우에는 수십명에 이르는 입찰자들이 한 물건에 응찰하는 경우를 종종 본다.

다섯째, 최저가격이 감정가나 시세보다 월등히 저감되어 시세차익을 볼 수 있는 경우이다.

이들은 입찰가격을 최대한 낮게 응찰하여 낙찰이 될 경우 이를 감정가나 시세에 근접하게 매도함으로 투자수익을 올리려고 한다.

그러면 왜 현장조사가 중요한가?

또 현장조사를 하지 않을 경우 어떠한 결과가 발생하는가?

경매에는 신경매와 재경매가 있다.

신경매는 경락허가결정에 이르지 아니하여 통상적으로 입찰보증금이 최저가의 10%에 응찰하는 경우의 경매절차이다.

재경매는 경락허가결정이 확정된 후 대금지급기일까지 경락인이 대금지급의무를 이행하지 않는 경우 이루어 지는 경매절차이다. 통상적으로 입찰보증금이 최저가의 20%이다. 경우에 따라서는 입찰보증금이 최저가의 30%인 경매법원도 있다.

재경매의 경우에 전경락인은 특별한 경우가 아닌한 입찰보증금은 법원에 몰수되어 반환받을 수 없게된다. 힘들게 입찰에 참가해 낙찰받은 경락인이 입찰보증금을 몰수당하면서까지 왜 경락잔금을 납부하지 않고 포기를 하는가?

낙찰받을 때의 의기양양한 모습은 어디로 갔는가?

법원에서 경매를 받을 때는 모든 것이 좋게 보여도 막상 낙찰이 되고 현장을 둘러볼 때 미쳐 몰랐던 허점이나 단점을 보게된다.

토지의 경우에는 진입로가 없는 경우도 있다. 임야의 경우 자세히 보아야 알 수 있는 분묘가 있다.

주택의 경우 주차가 불가능하며 주거환경이 쾌적치 못함을 알 수 있다. 건물의 경우 노후되어 수리비용이 과다하게 들게되는 것을 알게된다.

현장에 가서 자신이 경락받은 부동산을 살펴보니 이러한 단점이 많음을 알게되면 결국 입찰보증금을 손해보더라도 경락받은 물건을 포기하게 된다. 이러한 우를 범하지 않으려면 반드시 현장조사를 하라.

경매로 임야나 농지를 낙찰받아 이를 형질변경, 대지로 바꾸어서 투자수익을 올리는 경우가 있다.

이와같은 목적으로 임야나 농지를 경락받고자 하면 현장을 방문해

사전에 충분한 조사를 해야 한다.

관할관청에서 전용허가나 형질변경을 받을 수 있는지? 당해지역이 군사시설보호구역은 아닌지? 건축허가시 군부대의 동의는 가능한지? 진입로는 있는지? 건축허가시 하수나 지하수 처리가 가능한지?

현장조사를 할 때는 한쪽 면만 보지말고 다른 각도에서도 바라보고 조사해야 한다.

인수 후 추가부담이
있는지 조사하라

   ...경매는 싸게 부동산을 구입할 수 있다고 한다.

과연 그러한가? 그렇다면 모든 경매 낙찰자들은 만족하는가?

경매로 성공한 사람들은 이 말에 전적으로 동감할 것이다. 하지만 경매에서 실패한 사람들이 의외로 많음을 알아야 한다.

어떤 경우가 실패일까?

경매에 실패한 사례로 많이 꼽는 경우가 경매로 낙찰받는데 들어간 돈이 너무 많은 경우와 최고가 매수신고인이 되었으나 경락잔금을 납부하지 않고 입찰보증금을 포기하는 경우이다.

힘들게 입찰에 참가하여 낙찰받은 부동산이 매매보다 더 많은 비용이 들어갔다고 생각해 보라. 얼마나 억울할까!

'빛좋은 개살구' 라는 말이 있다. 싸게 부동산을 구입하려다 오히려

덜미를 잡힌 꼴이다. 왜 이러한 일이 발생할까?

Y씨는 강남구 논현동에 있는 근린주택을 경매로 낙찰받았다.

대지면적이 78평이고 건물면적이 198평인 지상 4층 건물이다.

1층은 식당이고 2층과 3층은 사무실, 4층은 주택이다.

입찰물건명세서를 조사하니 소유자는 본 건물에 거주하지 않고 전체를 임차인들에게 세를 놓았다. 감정가격이 8억5,300만 원이고 최저가는 1회 유찰되어 6억8,240만 원이었다.

Y씨는 현장조사와 권리분석을 통해 추가부담만 없다면 시세보다 저렴하게 상가주택을 구입할 수 있다고 판단하였다.

설레이는 마음으로 입찰날짜를 기다린 Y씨는 다른 사람이 낙찰받지나 않을까 걱정하면서 감정가의 83.3%정도인 7억1,000만 원에 응찰했다.

드디어 집달관이 입찰자를 호명하고 Y씨는 최고가 매수신고인으로 꿈에도 그리던 경매물건을 낙찰받았다.

Y씨는 경락잔금을 납부하고 건물을 인수하기 위하여 임차인들을 만나 보았다. 그런데 임차인들이 호락호락 명도를 하지 않고 경락자인 Y씨를 괴롭혔다.

1층 식당주인은 임대보증금과 시설에 대한 권리금을, 사무실과 주택 임차인들은 과다한 이사비용을 요구하였다.

'경매로 낙찰만 받으면 내 건물이다' 라고 생각했던 Y씨는 부랴부랴 대책을 세웠다.

먼저 법원에 인도명령을 신청한 뒤, 임차인들과 담판을 시작했다.

1층 식당주인에게는 기존의 임대보증금을 인정하는 선에서 재계약을 성사시켰다. 사무실과 주택 임차인들에게는 최소의 이사비용을 주는 선에서 명도하기로 타협했다.

겨우 한숨을 돌린 Y씨는 이사비용을 주고 임차인들을 내보냈다. 그리고 낡은 시설을 수리한 후에 새로운 임차인들에게 세를 놓았다.

'모든 것이 정리되었구나'

'이제야 두 다리 쭉뻗고 잘 수 있겠구나'

그러나 Y씨는 '갈 길이 아직도 멀다' 는 것을 나중에야 알았다.

전에 살던 임차인들이 각종 공과금을 몇 달째 내지 않았던 것이다.

전기요금! 수도요금! 도시가스 요금!

밀려드는 공과금을 보고 그제야 Y씨는 경매가 결코 값싼 것만은 아니라는 것을 알았다.

경매에서는 인수 후 추가부담이 있는지 조사해야 한다.

경락대금 외에도 명도비용과 추가부담이 많으면 많을수록 투자수익은 낮아지며 경매의 실익은 떨어진다.

배보다 배꼽이 커지는 경우가 되는 것이다.

경락대금 이외에 추가로 들어가는 비용에는 어떤 것들이 있을까?

우선 취득세, 등록세와 지방교육세, 농어촌특별세가 있다.

부동산을 취득하게 되면 등록세와 취득세를 내야 한다. 아울러 등록세의 20%를 지방교육세로, 취득세의 10%를 농어촌특별세로 납부해야 한다.

이 때의 과세표준이 일반매매에서는 과세시가표준액이나 실거래가액이 되며 경매에서는 경락대금이 된다.

일반매매에서 과세시가표준액은 공시지가를 기준으로 산정하므로 실거래금액보다 상당히 낮은 금액으로 신고한다. 그러나 주택거래신고지역에서는 실거래가격으로 신고해야 한다.

경매에서는 경락대금으로 취득세와 등록세를 산정하게 되어 대부분의 경우 일반매매보다 세금이 많다.

다음으로 명도비용을 생각해야 한다.

명도비용은 의무적으로 지불해야 하는 비용은 아니다. 경락자가 낙찰받은 부동산에 대한 재산권을 행사하려면 기존의 점유자들을 내보내든지 이들과 재계약을 해야 한다.

이 때 점유자들이 명도를 거부하면 경락자는 법원에 인도명령을 신청하고 집달관으로 하여금 강제적으로 내보내든지 기일이 경과하면 명도소송을 해야한다.

경락자가 인도명령이나 명도소송을 하면 기간도 길어지며 이에 소요되는 비용도 상당히 든다. 따라서 경락자는 시간을 절약하고 점유자는 조금이라도 이사비용을 받으므로 쌍방간에 무리없이 해결하고자 하는 것이 바로 이사비용이다.

아파트에는 관리비를 체납한 경우도 많이 있다.

경락자는 자신이 살지도 않은 아파트 관리비를 왜 내느냐고 항변한다. 그러나 방법이 없다. 아파트 관리사무실에서는 체납된 관리비를 납부하여야 입주증도 주고 주차증도 주며 주거활동에 협조해주는 것을 어떻게 하는가!

일반주택이나 건물의 경우에는 전기요금과 수도요금, 도시가스 요금과 같은 공과금이 있다.

전기요금은 한국전력공사에서 관리하고 청구한다.

상·하수도 요금은 지역 수도사업소에서 관리하고 청구한다.

도시가스 요금은 지역 도시가스 공급업체에서 관리하고 청구한다.

예전에는 이들 공과금에 대하여 체납금액 전부를 납부해야 시설공급을 재개하였다. 체납된 전기요금을 납부하지 않으면 전기공급을 중단하였다.

수도요금이나 도시가스 요금도 체납된 금액을 납부하지 않으면 몇 차례 납부독촉장을 발부하다가 시설공급을 중단하였다. 경락자는 자신이 사용도 하지않은 전기요금이나 수도요금, 도시가스 요금을 납부하는 것은 억울하다고 주장, 이들 공과금 체불에 대한 개선방안이 바로 사실상의 소유자에게 공과금을 부과하도록 한 것이다.

사실상의 소유자는 경매로 낙찰받은 부동산의 경우 등기부에 기재된 등기원인일을 기준으로 하여 그 전의 공과금은 전사용자에게 부과토록 하고 등기원인일 이후에는 경락자가 부담하도록 한 것이다.

경락자의 입장에서는 체납된 공과금에 대하여 많이 개선된 것이다.

경매 입찰자들이여!

경락부동산을 인수한 후에 있을 추가부담을 조심하라.

대위변제는 경매의 복병이다

7장

... 질서지키기 캠페인이 있다.

차를 타거나 영화나 공연을 관람할 때 한 줄로 서서 차례가 오기를 기다리는 것이다.

만약에 늦게 온 사람이 차례대로 순서를 기다리지 않고 옆에서 끼어들거나 새치기를 하면 뒤에서 기다리던 사람이 소리지르며 야단을 친다.

부동산 경매에서도 새치기와 비슷한 성질이 있는데 바로 대위변제이다.

질서지키기에서 늦게 온 사람이 새치기를 해 앞에 서면 도덕적으로 비난받으며 뒤에 선 사람들이 용납하지 않는다.

그러나 경매에서는 후순위 권리자로서 당초에는 경락자에게 대항력을 행사할 수 없었는데 대위변제를 해 경락자에게 대항력을 행사할 수 있도록 하는 것이 법적으로 허용된다.

대위변제란 제 3자 또는 공동채무자 중에서 1명이 채무자의 채무를 대위하여 변제하는 것을 말한다. 대위변제를 하기 위해서는 채권자의 승낙을 얻거나 변제를 함에 있어서 정당한 이익을 가져야 한다.

부동산 경매에서 입찰자가 특히 주의를 기울여야 하는 것은 선순위 담보물권이나 가압류의 대위변제이다.

이는 경매대상 부동산의 이해관계가 있는 후순위 권리자가 선순위인 담보물권의 피담보채무나 피보전채무를 대위변제하는 것을 말한다.

경매절차에서 담보물권이나 가압류등기는 경락에 의하여 말소된다. 이 경우 후순위 주택임차인이나 상가임차인은 경락자에게 대항력을 주장할 수 없다.

이때 후순위 주택임차인이나 상가임차인이 채무자를 대위해 선순위인 담보물권이나 가압류의 채무를 변제하고 이를 원인으로 해 선순위 저당권등기나 가압류등기의 말소를 신청한다.

그 후 말소된 등기부등본을 경매법원에 제출하면 임차인 등 후순위 권리자는 순위상승의 효력을 얻게되어 경락자에게 대항력을 행사할 수 있다.

경락자는 처음에는 임차인 등이 대항력을 행사할 수 없는 것으로 판단되어 안심하고 경락을 받았으나 후에 후순위 권리자가 대위변제를 함으로써 대항력을 행사하면 예상하지 못한 손실을 입을 수 있다.

물론, 경락자는 후순위 권리자가 대위변제를 한 사실을 알게되면 즉시 낙찰불허가신청을 하는 등 대처방법이 없는 것은 아니나 입찰보증금까지 납부하면서 시간과 물질을 투자한 것이 아무런 소득없는 공염불이 될 수 있다.

따라서 최선의 방법은 후순위 권리자가 대위변제를 할 가능성이 있는 부동산에 대하여는 사전에 권리분석을 철저히 해 입찰에 참가하지 않는 것이다.

고객 중 한 분인 P씨가 2003년 10월에 서울지방법원 북부지원 경매 3계에서 진행되는 도봉구 쌍문동에 소재하는 ○○아파트 경매입찰 참여를 상담 해왔다.

"○○아파트를 경매받고 싶은데 입찰해도 되겠습니까?"

"물건정보는 알고 있습니까?"

"예, 법원에 가서 물건명세서도 보고 현장도 둘러 보았습니다."

"시세는 알아 보았습니까?"

"예, 시세도 감정가 정도이고요. 낙찰받으면 좋겠습니다."

"알았습니다. 권리분석을 한번 해 보지요."

경매되는 부동산은 ○○ 7차아파트로 1층 32평형이었다. 주위는 대단위 아파트단지를 이루고 있어 P씨는 이 아파트를 경락받아 장차 주거용 및 어린이집으로 운영하면 좋겠다는 것이다.

P씨의 요청에 의해 경매물건에 대한 권리분석은 다음과 같았다.

〔감정평가액 및 최저경매가〕

감정평가액 170,000,000원

최저경매가 136,000,000원 (80%)

〔**임대차 현황**〕

1. 조〇〇　1999. 6. 18　전입　임대보증금 6,500만 원
2. 최〇〇　1999. 6. 18　전입　임대보증금 6,500만 원

　　　　　1999. 6. 18 확정일자

　　　　　(조〇〇의 처)

〔**등기부상 권리관계**〕

1. 저당권　1999. 6. 7　국민은행　　　　　　2,600만 원
2. 저당권　2000. 3. 2　국민은행　　　　　　2,600만 원
3. 가압류　2001. 3. 3　기술신용보증　　　10,400만 원
4. 가압류　2002. 3. 15　현대캐피탈　　　　　600만 원
5. 가압류　2002. 3. 19　정 〇〇　　　　　　9,000만 원
6. 가압류　2003. 3. 28　수협중앙회　　　　1,273만 원
7. 강제경매　2003. 4. 26　기술신용보증　청구금액 : 41,405,437원
8. 압류　　2003. 5. 22　도봉구청

　먼저, 임대차 현황에 대하여 분석하니 조〇〇과 최〇〇은 부부로서 현부동산을 임차한 것인 바, 임대차계약서는 최〇〇으로 작성되어 확정일자를 받은 것으로 판단된다. 따라서 조〇〇은 주민등록이 전입되었다고 할지라도 임대차계약상의 당사자가 아니므로 문제가 되지 않는다.

　문제는 임차인 최〇〇이다.

　최〇〇은 최초의 저당권설정일보다 주민등록 전입일이 늦으므로

경매절차가 진행되면 최초의 저당권인 1번 저당권보다 후순위이다.

따라서 경락으로 1번 저당권이 말소되면 최○○은 경락자에게 대항력을 행사할 수 없게된다.

최○○은 배당신청을 하지 않으면 임대보증금 6,500만 원을 손해보게 된다.

만약에 1번 저당권만 없다면 최○○은 최선순위가 되어 경락인에게 대항력을 행사할 수 있으며 배당신청을 하지 않아도 임대보증금을 손해보지 않는다.

이럴 때에 최○○이 할 수 있는 방법이 바로 대위변제이다.

최○○은 1번 저당권에 대하여 대위변제하면 순위상승하여 최선순위가 되어 경락인에게 대항력을 행사할 수 있다.

또한 최○○이 배당신청을 하더라도 이 아파트에 계속 살고자 하면 배당신청을 취하하고 대위변제를 해 경락인에게 대항력을 행사할 수도 있다.

이렇게 되면 경락자는 당연히 손해를 보게된다.

2번 저당권 이하의 등기상 권리는 경락으로 인하여 모두 말소대상이 된다.

이 물건은 경매에 의해서 정리될 수밖에 없는 물건이나 임차인의 대위변제 가능성이 있으므로 입찰에 주의를 기울여야 한다.

나는 P씨에게 이와 같은 사실을 알려주어 결국 P씨는 이 물건에 대한 경매입찰을 포기하였다.

경매초보자들은 너무 안이하게 생각하는 것을 많이 보아왔다.

'설마하니 내가 손해볼까?'

'설마하니 입찰보증금을 손해볼까?'

'설마하니 임차인이 배당신청을 취하할까?'

'설마하니 임차인이 대위변제를 할까?'

'설마가 사람잡는다' 는 말이 있다.

모든 것을 결정할 때는 앞으로 전개될 수 있는 가능성에 대하여 충분히 주의하고 분석해야 한다.

특히 경매입찰에서는 정확한 정보와 권리분석이 요구된다.

적정 입찰가는
시세를 반영한 소신가격이다

8장

... '친구따라 강남간다' 는 말이 있다.

이는 주관없이 주위환경에 따라 영향을 받는다는 말이다.

부동산 경매에서도 이와같은 경우를 많이 본다.

입찰날짜에 법원 경매장에서 벌이지는 풍경 가운데 하나가 주위 분위기에 휩쓸려 입찰금액을 덩달아 높이 적어내는 경우이다.

예전 입찰제가 아닌 호가제에서는 흔히 볼 수 있었던 모습이다.

법원경매가 입찰제로 바뀌면서 이러한 모습은 많이 개선되었으나 여전히 경쟁적으로 현장에서 즉석으로 입찰가를 높이 적어내는 것을 알 수 있다.

경매절차를 진행하는 법원마다 입찰법정의 구조와 물건명세서 비치장소, 입찰진행 과정이 조금은 다르지만 거의 비슷한 구조와 절차로 진행된다.

서울중앙지방법원의 경우 입찰법정에 들어가면 정면에는 집행관석이 있다. 그 앞에 입찰함이 놓여있고 좌우에는 입찰표 기재대가 있다. 입찰함 앞에 물건명세서 비치대가 있고 이 곳에 물건명세서를 비치한다.

입찰자들은 입찰자 대기석에서 기다리다가 입찰개시 선언이 있으면 입찰사건 기록열람을 하고 입찰표를 작성한다.

입찰표를 작성할 때 미리 결심한 적정 입찰가를 기재해야 한다.

이 때 주관이 뚜렷하지 않거나 친구따라 강남간다는 말처럼 부화뇌동하여 입찰가를 높이 적어내는 경우가 종종 있는데 나중에 후회하는 것을 많이 보았다.

왜 이런 일이 발생할까?

경매를 통해 부동산을 싸게 구입하기를 원하는 입찰자들은 저마다 입찰정보를 가지고 또는 경매관련 지식이 있는 경매컨설팅회사의 직원들과 더불어 입찰법정을 들어선다.

입찰법정에 들어서면 이 곳이 신성한 법정인가? 싶을 정도로 혼란하고 무질서한 모습을 보게된다.

입찰개시 시간보다 먼저 나와서 자리를 차지하고 있는 사람들, 뒤이어 들어와 자리가 없어서 복도와 입찰법정 뒤편에 빼꼼히 들어서서 까치발을 하고 앞을 내다보는 사람들, 주위를 서성이는 경매브로커들, 입찰자들에게 명함이나 팜플렛을 돌리는 사람들, 이 모두가 경매기일에 입찰법정 주위에서 일어나는 진풍경들이다.

법원마다 일정하지는 않으나 대부분의 법원에서는 통상 오전 10시에 입찰개시를 선언하고 입찰을 최고한다. 아울러 입찰사건의 기록열람도 허용한다.

입찰사건의 기록열람은 통상 1시간 정도 부여한다.

입찰개시를 선언하고 입찰을 최고한 후 1시간 이상이 경과해야 입찰을 마감한다.

입찰자는 입찰표 작성이 완료되면 입찰표와 입찰보증금을 입찰봉투에 넣어서 집행관에게 접수하고 입찰함에 투입한다.

일단 제출된 입찰표는 취소, 변경이나 교환이 불가능하다.

집행관은 입찰을 마감하고 즉시 입찰봉투를 개봉한다.

입찰보증금 봉투는 최고가입찰자의 것만 개봉, 금액을 확인하고 최고가입찰자를 결정한다.

집행관의 입찰개시 선언으로부터 최고가 입찰자 호명까지 입찰법정의 모습은 바쁘게 돌아가는 풍차처럼 숨가쁘게 진행된다.

특히 입찰법정에 비치된 입찰물건명세서를 보려는 사람들은 밀고 당기면서 서로 다투어 보고자 한다.

이러한 모습은 법정의 무질서와 혼란을 가중시키며 충분한 자료분석없이 응찰하고자 하는 입찰자들의 올바른 판단을 저해한다. 나아가 입찰자들은 군중심리 내지는 경쟁심리로 즉석에서 입찰가를 높이 적어내는 잘못을 저지른다.

일단 제출된 입찰표는 취소하거나 변경할 수 없다. 경락자는 자신의 입찰금액이 잘못되었다는 것을 추후에 알아도 입찰보증금은 돌려받을 수가 없게된다.

사전에 충분한 물건 조사없이 현장분위기에 따라 즉석에서 입찰금액을 올리는 것은 입찰가를 왜곡시키며 진실로 낙찰받고자 하는 다른 입찰자의 낙찰기회를 빼앗을 수 있다.

적정한 입찰가를 정하려면 현장조사를 통하여 시세를 정확히 파악하고 소신껏 응찰하는 것이다.

J씨는 2003년 11월 노원구 월계동에 있는 빌라를 경매로 낙찰받았다.

월계동 ○○○번지에 있는 ○○빌라로 대지지분이 17.42평이고 건물면적이 16.22평이었다. 처음 입찰에 부쳐진 신경매 사건으로 감정가격이 8,200만 원이고 최저가는 8,200만 원이었다.

J씨는 ○○빌라가 대지지분이 커서 관심이 있는 물건이나 빌라는 통상적으로 1회 이상 유찰되는 것을 보아 왔으므로 이 물건도 유찰될 것이라고 기대했다.

그래도 미리 물건조사를 하는 것이 좋겠다고 생각, 현장조사를 했다.

현장조사를 하면서 J씨는 이 물건이 투자가치가 충분히 있으며 만약 이번에 유찰된다면 다음에는 입찰경쟁이 치열해질 것을 알았다.

○○빌라는 22동까지 있는 규모가 큰 빌라단지로 1988년도에 보존등기되어 현재 재건축이 한창 추진되는 곳이라 팔려고 내놓는 매물자체가 없을 뿐만 아니라 가격시세도 1억 원을 전후하여 투자가치가 충분하다고 판단되었다.

이를 경락받을 경우 재건축으로 아파트를 분양받으면 투자수익을 올리기에는 더없이 좋은 물건임을 파악한 J씨는 최초의 경매일시에 응찰하여 최저가보다 높은 8,577만 원에 낙찰받았다.

J씨는 현장조사를 통하여 시세를 정확히 파악하고 소신껏 입찰가를 결정해 이와같은 결단을 내릴 수 있었으며 나아가 장래수익도 최대한 높이는 투자를 할 수 있었던 것이다.

법원경매는 몇 명이 입찰할 것인지? 또는 얼마에 입찰할 것인지? 응찰가격을 모르기 때문에 눈치를 살펴도 제대로 알 수가 없다.

시세를 정확히 파악하고 수집한 정보를 종합하여 소신껏 입찰가격라인을 정해놓고 입찰에 참여해야 한다.

상황변화에 대처해야 투자의 선구자이다

9장

... 우리나라도 이제 주 5일 근무시대에 접어들었다.

주 5일 근무제가 전면적으로 실시되면 많은 분야에서 생활의 패턴이 바뀌어질 것이다.

그 중 하나가 전원주택이나 팬션을 이용한 가족과의 즐거운 주말여행이다. 우리나라에 전원주택 붐이 일어난 것은 1990년대 초였다.

당시 서울의 외곽지역인 용인이나 양평, 양수리, 가평, 포천 등지에 수많은 전원주택지가 조성되고 전원주택이 지어졌다. 통나무집을 비롯한 캐나디안 스타일의 전원주택도 지어졌으며 다양한 형태의 전원주택이 도시민들에게 선보였다. 직장동료들이나 친구들, 동호인들끼리 전원주택을 분양받기도 했다.

앞으로는 즐기기만 하는 전원주택이 아니라 주말농장이나 기타 소득을 올릴 수 있는 형태로 주말을 보내고자 할 것이므로 이러한 분야에 관심을 가져볼 만하다.

물이 흐르는 대로 흘러가는 것이 순리라면 돈의 흐름에 따라 투자할 곳을 미리 예측, 투자하는 것이야말로 부자가 되는 지름길이다.

전원주택지에 투자하려면 주말에 차를 타고 도시근교를 다니면서 현장을 확인하고 시세를 알아 보아야 한다.

전·답을 비롯한 농경지와 임야의 경우에는 농지전용이 가능한지와 지목변경 여부를 관할 관청에 알아보아야 한다. 또한 해당지역이 상수원보호구역은 아닌지, 군사시설보호구역은 아닌지, 기타 농지법, 산림법, 자연공원법 등에 저촉되는지 여부를 알아 보아야 한다.

전원주택이 아니라도 평소에 관심있는 분야를 꾸준히 연구하고 시간과 물질을 투자하면 좋은 결과가 있게된다.

돈이라는 것은 참으로 묘미가 있다.

어떤 사람은 돈을 벌기 위해 죽어라고 쫓아 다녀도 돈을 별로 벌지 못한다. 또 어떤 사람은 별로 돈을 벌 욕심도 없는 듯한데 많은 돈을 벌고 거부가 되어 이웃을 돕고 좋은 일을 한다.

어디에서 이러한 차이점이 생길까?

여러 가지 요인이 있겠지만 그 중에 하나가 상황변화를 제대로 파악하느냐 못하느냐에 있다.

돈을 벌지 못하는 사람은 버스가 지나간 후에 손을 드는 것과 마찬가지로 다른 사람이 투자한 후에 뒤따라 투자를 한다. 그러나 돈을 버는 사람은 돈의 흐름을 파악하고 미리 돈이 모여들 곳에 투자하여 수익을 남기고 때에 맞쳐 빠져나온다.

상황변화를 예측하고 이에 대처하는 것은 투자에서 반드시 체크해야 할 사항이다. 또한 경매절차에서 변화하는 상황에 대처하는 것도 대단히 중요하다.

부동산 경매는 일련의 절차속에서 진행되며 상황도 수시로 변하므로 이러한 상황변화에 신속히 대처해야 한다.

채권자의 경매신청이 있게되면 법원은 일정한 절차를 거쳐 입찰기일을 정하고 경매를 실시하게 된다. 입찰기일에 사건별로 입찰을 실시, 최고가매수신고인을 결정하며 차순위매수신고인이 있으면 이를 최고한다. 이어 대금지급기일을 정하여 경락인을 소환하게 된다.

경락인이 대금지급기일에 경락대금을 완납하면 법원은 배당기일을 정하고 이해관계인과 배당을 요구한 채권자를 소환한다. 법원은 미리 배당표의 초안을 작성해 놓았다가 배당기일에 이해관계인과 배당을 요구한 채권자에게 제시, 그 진술을 듣고 배당표를 확정하고 이에 따라 배당을 실시한다.

한편, 경락인이 경락대금을 완납하면 법원은 경락허가결정의 등본을 첨부, 경락인의 소유권이전등기와 경락인이 인수하지 않은 부동산 위의 부담의 기입등기 및 경매신청등기의 말소를 촉탁한다.

부동산 경매는 일련의 절차 속에서 진행되며 채권자의 경매취하나 변경, 임차인의 항고와 재항고 등 많은 변수들이 있게된다.

이러한 상황변화를 예의주시하지 아니하면 금전적 손해나 명도의 어려움이 따를 수 있다.

입찰자가 주위해야 할 상황변화를 몇 가지 살펴보자.

우선 경매신청이 취하된 경우이다.

경매신청의 취하는 경매신청인이 스스로 경매법원에 제기한 경매신청을 철회하는 소송행위이다. 경매신청의 취하에 의하여 압류의 효력은 소멸하고 경매절차는 종료하게 된다.

입찰법정에서는 취하된 사건에 응찰하는 입찰자들을 종종 볼 수 있다.

집행관의 입찰개시선언이 있으면 입찰자들은 통상 입찰물건명세서를 보고 입찰표를 수령하여 입찰금액을 기재하고 입찰보증금을 입찰봉투에 넣어서 집행관에게 접수하고 입찰함에 투입한다.

입찰이 마감되면 집행관은 즉시 입찰봉투를 개봉하여 입찰자들을 호명한다.

이 때 집행관이 입찰한 사건번호를 부르며 "이 사건은 취하된 사건입니다"라고 입찰봉투를 돌려주는 경우가 가끔씩 있다. 경매가 취하된 것을 모르고 응찰한 입찰자가 있는 경우이다.

이럴 때에 취하된 사건에 응찰한 입찰자는 자신도 창피한지 입찰봉투를 받아들고 서둘러 입찰법정을 빠져나간다.

다음, 입찰기일과 경락기일의 변경이다.

입찰기일의 변경에는 당사자의 신청에 의한 경우와 법원의 직권으로 변경하는 경우가 있다.

경락기일의 변경은 경매개일이 종료되고 최고가 매수신고인이 결정되었으나 경락불허가 신청이 있고 경락불허가 사유의 유무를 조사할 시간이 필요할 때 또는 집행정지문서가 제출된 경우에 한다.

경락허부에 대한 항고도 중요한 상황변화이다.

이해관계인 등은 경락허가결정 또는 불허가결정에 의하여 손해를 받을 경우에는 그 결정에 대하여 즉시항고를 할 수 있다.

　다음으로 경락인이 대처해야 할 상황변화로는 선순위 담보물권이나 가압류의 대위변제이다.

　이는 경매대상 부동산의 이해관계있는 후순위 권리자가 선순위인 담보물권의 피담보채무나 가압류의 피보전채무를 대위변제하는 것을 말한다.

　특히 경락인에게 대항력을 주장할 수 없는 후순위 임차인이 선순위 담보물권이나 가압류의 채무를 대위변제해 그 선순위의 등기를 말소함으로써 순위상승을 하게되는 경우에는 임차인은 경락인에게 대항력을 취득하게 된다.

　따라서 경락인은 이러한 상황변화를 예의주시하고 적절히 대처함으로 당초의 투자목표를 달성해야 한다.

명도를 신속히 하라

10장

... '구슬이 서말이라도 꿰어야 보배다' 라는 속담이 있다.

부동산도 마찬가지이다.

부동산이 자기 명의로 소유가 되어도 이를 바라보기만 하고 사용하거나 수익이 발생하지 않으면 무슨 소용이란 말인가?

옛날에 한 시골 농부가 아주 귀한 산삼을 구했다.

농부는 그 산삼을 임금님께 바쳤다. 임금님이 기특하게 생각하여 농부에게 소원이 있으면 말하라고 하였다.

"임금님! 저는 농부이니 넓은 땅이 있으면 좋겠습니다."

"그래. 그러면 네 눈앞에 보이는 땅을 하루 동안에 걸어서 돌아오는 넓이만큼 너에게 주겠노라."

농부는 다음날 아침에 일찍 일어나서 눈앞에 보이는 땅을 걸어다

녔다.

땅을 많이 차지하고 싶은 욕심에 그만 너무 멀리까지 나갔다가 허겁지겁 돌아오느라 안간힘을 썼지만 농부는 결국 원래의 자기 자리로 돌아오지 못하고 중도에 쓰러져서 죽고 말았다.

아무리 많은 땅이라도 눈에 보이는 것만으로는 소용이 없고 쓸데없이 욕심을 내어도 진정한 자기 소유가 되지 못한다는 내용이다.

경매에서는 경락잔금을 납부하면 그 때부터 경락받은 부동산은 경락자의 소유가 된다.

경락인은 꿈에도 그리던 부동산을 자기 소유로 만들었으니 이제는 마음대로 그 부동산에 들어가서 살기도 하고 또는 임대를 놓아서 수입을 올리려고도 할 것이다.

그런데 막상 자기가 경락받은 부동산에 가보면 기존의 점유자가 버티고 있으면서 집을 못나가겠다고 한다.

이럴 때는 어떻게 하면 좋은가?

그것은 바로 경매에서 마지막으로 해결해야 할 명도문제이다.

경락잔금을 납부하고 경락인이 경락받은 부동산에 찾아가면 기존의 점유자가 보이는 반응은 여러 가지로 나타난다.

배당순위에 들어가서 배당을 받으므로 자신의 보증금이 해결된 점유자는 순순히 점유하고 있는 부동산을 경락인에게 넘겨주는 경우가 많다.

어떤 사람은 배당을 받지 못해도 경락되는 것을 보고 모든 것을 체념하고 순순히 집을 비워주기도 한다.

하지만 배당을 받지 못하는 점유자가 경락인에게 '보증금을 물어

주어야만 집을 비워주겠다' 고 하면서 버티는 경우가 있다.

이와같이 점유자가 명도를 거부하고 버틸 경우, 경락인이 대처하는 방법에는 어떤 것이 있는가?

첫째, 가장 좋은 방법은 타협을 해서 점유자를 내보내는 방법이다.

점유자로는 소유자도 있고 소유자의 친척도 있으며 임차인도 있다.

소유자인 경우에는 직접 돈을 빌렸든지 아니면 제 3자의 보증을 서 주었든지 채권자와 채무자간의 채무관계가 형성된 결과로 자신의 부동산이 경매된 것이다. 따라서 소유자는 경락인의 명도를 거부할 명분이 없다. 타협을 통해서 이사 날짜를 정하고 명도하면 된다.

경매가 된 부동산에는 소유자의 친척이 거주하거나 주민등록을 전입하여 놓은 경우가 의외로 많다. 소유자는 자신의 집이 경매되므로 이에 대비하여 배당절차에서 소액보증금이라도 찾고자 이들을 전입시키거나 경락인에게 이사비용을 요구할 목적으로 점유케 한 경우다.

이들 중에는 진정한 임차인도 있고 위장전입이라고 판단되는 임차인도 있다.

이들은 배당절차에서 소액보증금을 배당받을 경우에는 별로 어렵지 않게 명도를 받을 수 있다. 소액보증금을 배당받지 못할 경우에도 이사비용을 주는 조건으로 타협하면 명도를 받을 수 있다.

경락받은 부동산에 점유하는 임차인의 명도는 어떻게 할 것인가?

임차인이 명도를 거부할 경우 경락인이 직접 물리적으로 이들을 내보낼 수는 없다. 그렇다고 임차인이 나가겠다고 할 때까지 기다릴 수도 없다.

명도는 빠르면 빠를수록 좋다.

임차인 중에는 배당절차에서 임대보증금을 배당받는 경우가 많다.

이들 중 보증금 전액을 배당받을 경우에는 경락인이 타협을 통해서 이들을 내보내는데 어려움이 없다. 또한 보증금 중에서 일부만을 배당받고 나머지는 손해보는 경우에도 일단은 타협을 통해서 내보내도록 하고 그래도 이들이 명도를 거부하면 인도명령을 통해서 강제집행하는 수밖에 없다.

임차인 중에는 임대보증금을 전액 손해보는 경우도 간혹있다.

이들을 내보내는 것은 정말 안타까운 일이다.

하지만 이러한 안타까운 마음으로 명도를 주저할 것이라면 처음부터 경매에 응찰하지 말아야 할 것이다. 따라서 이들에게는 인도명령을 통해서 강제집행을 하는 것과 타협을 통해서 이사비용을 주는 것을 동시에 추진하면서 명도문제를 해결해야 할 것이다.

다음으로 강제집행을 통해서 점유자를 내보내는 방법이다.

법원은 경락인이 대금을 납부한 후 6개월 내에 경락인의 신청이 있는 때에는 채무자, 소유자 또는 압류의 효력이 발생한 후에 점유를 시작한 부동산 점유자에 대하여 부동산을 경락인에게 인도할 것을 명할 수 있다. 다만 점유자가 경락인에게 대항력을 행사할 수 있는 권원을 가진 경우에는 인도명령을 할 수 없다.

경락인은 경락대금을 완납함과 동시에 인도명령을 신청하는 것이 좋다.

경락인은 법원의 인도명령정본을 부여받으면 이를 가지고 점유자에게 일차적으로 타협을 시도하여 점유자가 명도에 응하도록 한다.

만약 법원의 인도명령에도 점유자가 불응하는 경우에는 집달관에게 강제집행을 위임하여 속전속결로 명도문제를 해결한다.

점유자가 경락인에게 '집을 비워주겠다' 말하며 시간을 끌면 경락인은 대금납부일로부터 6개월이 경과한 후 명도소송을 해야한다.

명도소송은 자신의 주장을 입증할 증거서류를 첨부하여 법원에 소장을 제출해야 한다. 명도소송의 판결이 확정되면 그 판결내용대로 효력이 발생하므로 판결정본이 피고에게 송달되는 즉시 강제집행을 할 수 있다.

경락인은 집행관에게 강제집행을 위임할 때에는 사전에 집행관과 협의, 현장을 안내하고 점유자가 부재중인 경우에는 증인으로 입회할 사람을 주선하여서 집행토록 한다.

J씨는 2003년에 경기도 시흥에 있는 연립주택을 경매로 낙찰받았다.

경락대금을 납부하고 자신이 경락받은 연립주택에 가서 기존의 임차인에게 명도를 요구하였다. 임차인은 딱한 사정을 호소하면서 이사할 곳을 정할 때까지만 이사날짜를 늦추어 달라고 간청하였다.

마음이 착한 J씨는 순순히 임차인의 간청에 따라 이사날짜를 늦추어 주었다.

처음에는 3개월 후에 집을 비워주겠다고 했다가 약속한 기일에 집을 비워달라고 하면 또 다시 2개월만 여유를 달라고 간청하고 그 때 가서는 다시 이사날짜를 연기시키곤 하였다.

결국 J씨는 8개월이 지나고 어렵게 임차인을 내보냈다.

임차인에게 집을 명도받은 후에 경락받은 집에 들어가니 쓰레기는 집안에 가득차있고 전기요금, 수도요금과 도시가스 요금은 체납된지 여러 달이 되었다.

등기부에는 이미 J씨 앞으로 소유권 이전이 이루어졌으므로 공과금을 부과하는 해당기관에서는 임차인이 공과금을 체납해도 등기부에 기재된 등기원인일 이후에는 J씨가 체납된 공과금을 납부해야 한다고 하였다.

만약 이를 납부하지 않을 경우에는 전기나 도시가스 등의 공급을 중단하겠다고 통보해왔다.

결국 J씨는 체납된 공과금을 납부하고 집을 수리한 후에야 자신이 경락받은 연립주택을 전세로 임대놓을 수 있었다.

인터넷
공매입찰을 활용하라

11장

...부동산 투자자들은 법원경매와 더불어 한국자산관리공사에서 실시하는 공매물건에 많이 응찰한다.

이들은 우선 입찰에 부쳐지는 물건이 많으며 다양하고 국가기관과 정부투자기관에서 입찰을 실시함으로 공신력이 있다. 또한 감정평가서를 볼 수 있으므로 토지와 건물의 감정가격 산출근거와 위치 및 주위환경, 교통상황과 위치도, 지적도를 비롯하여 현장사진까지 볼 수 있다.

한국자산관리공사의 입찰물건에는 압류재산, 국유재산, 수탁재산 및 유입자산 등이 있으며 이들에 대하여는 물건 관리번호로 편리하게 조회를 할 수 있다.

한국자산관리공사의 입찰방식에도 많은 변화가 있다.

컴퓨터의 보급과 더불어 오늘날은 직접 한국자산관리공사나 현장을 가지 않아도 1차적으로 현장사진과 위치도, 지적도와 주위환경을 집이나 사무실에서 컴퓨터를 이용하여 편리하게 검색할 수 있다.

예전에는 한국자산관리공사 공매는 현장에서만 입찰을 실시하는 현장입찰이었으나 앞으로는 현장입찰을 없애고 인터넷으로만 입찰을 실시한다.

인터넷입찰은 입찰대상 물건확인에서 인터넷입찰서 작성, 입찰서 제출, 입찰보증금의 납부와 낙찰자 선정 및 결과확인까지 인터넷상에서 이루어지므로 투자자 입장에서는 시간을 절약하고 경비를 절약할 수 있는 편리함이 있다.

물론 인터넷입찰은 현장입찰에서 예측할 수 있는 입찰자가 몇 명이나 되는지 또는 입찰금액은 어느 정도로 하는 것이 좋은지에 대한 입찰분위기의 파악과 낙찰 시의 스릴같은 호쾌한 맛은 없다고 보아야 한다.

한국자산관리공사에서 실시하는 인터넷입찰 절차를 간단히 살펴보자.

한국자산관리공사 전자자산처분시스템인 온비드 내 회원가입 코너를 통해 회원가입을 한다.

회원은 개인회원, 법인회원, 이용기관회원, 협력업체회원 등으로 가입할 수 있다.

다음으로 공인인증서를 등록한다.

공인인증서가 없는 경우에는 공인인증기관 또는 대행기관을 통하여 발급받아야 한다. 공인인증서가 있는 경우에는 '나의 온비드'에 공인인증서를 등록한다. 이 때 개인회원은 전자거래범용 개인 공인인 증서를 등록하고, 개인사업자는 개인사업자 공인인증서를, 이용기관 회원이나 법인회원 등은 법인 공인인증서를 등록한다.

다음으로 입찰대상 물건을 확인한다.

입찰대상 물건은 입찰공고와 물건 상세검색 기능을 통해 인터넷입 찰이 가능한지 확인해야 한다.

입찰공고와 물건정보를 관심정보로 등록해두면 '나의 온비드' 코너 를 통해 관심물건에 대한 입찰진행 정보를 쉽게 파악할 수 있다.

현재는 인터넷입찰과 현장입찰을 병행해서 실시하고 있다. 인터넷 입찰은 입찰개시로부터 입찰마감까지 2일 정도로 기간입찰을 실시하 고 인터넷입찰 마감 다음날에 현장입찰을 실시하며 이를 통합하여 입 회검사를 하고 낙찰자를 선정한다.

입찰대상 물건을 확인한 후에는 인터넷입찰서를 작성 한다.

입찰정보 목록에서 입찰참가 버튼을 누르면 '인터넷입찰서 작성' 화면으로 이동한다. 작성하는 전자입찰서에는 입찰금액과 유찰시 입 찰보증금을 환급받을 수 있는 계좌번호를 입력한다.

다음에 작성된 입찰내용을 확인하고 '인터넷입찰 참가 자 준수규칙'을 확인한 후에 동의를 선택하고 '입찰서 제

출' 버튼을 누르면 입찰서 제출이 완료된다.

다음으로 입찰물건의 인터넷 입찰마감 시한까지 입찰보증금을 납부한다.

보증금 납부는 인터넷뱅킹이나 ATM, 은행창구입금 모두 가능하다. 보증금의 입금상태는 '나의 온비드' 코너의 입찰내역에서 확인할 수 있다.

낙찰자 선정은 입찰물건의 집행기관이 공지된 날에 한다.

입찰결과는 '나의 온비드' 코너의 입찰내역에서 확인할 수 있다.

낙찰자의 입찰보증금은 입찰기관의 계좌로 이체되고 유찰자의 입찰보증금은 유찰자의 계좌로 환불된다.

인터넷입찰도 입찰 이후의 소유권이전 등기절차는 현장입찰과 동일하다.

낙찰자는 입찰잔대금을 은행에 납부하고 무통장입금증을 한국자산관리공사에 제출하면 공사에서는 입찰보증금 및 잔대금 납입영수증을 발급해준다. 아울러 매각결정통지서를 교부해준다.

이어서 낙찰자는 소유권이전등기에 필요한 서류를 준비하여 한국자산관리공사에 제출한다.

소유권이전등기에 필요한 서류는 낙찰자가 직접 발행기관에 가서 교부받을 수도 있고 우편으로 신청할 수도 있다.

우편으로 신청할 경우에는 우체국에서 민원봉투를 이용하여 관할 기관 민원실로 신청한다. 이 때 회송용 봉투를 동봉해야 민원담당자가 이를 처리한다.

낙찰자가 소유권이전등기 서류를 제출하면 한국자산관리공사에서는 소유권이전등기 촉탁서를 작성하여 관할등기소로 송부한다.

관할등기소에서 소유권이전등기를 필하고 이를 한국자산관리공사로 송부하면 한국자산관리공사에서는 등기필증을 낙찰자 앞으로 발송한다.

나는 부동산 투자로 큰 돈을 벌어서 거부가 된 사람을 많이 보았다.

그들은 나름대로의 투자철학이 있고 노하우가 있으며 시간과 물질을 투자하고 연구하고 조사하며 노력을 아끼지 않았다.

투자자들은 사람마다 투자의 성향이나 선호도가 다르게 나타나고 있음을 알 수 있다. 어떤 사람은 아파트에만 투자한다. 그것도 아파트 분양권에 집중적으로 투자한다. 또 어떤 사람은 땅에만 투자한다. 땅에도 대지와 임야, 전, 답, 과수원 등 많은 종류가 있으나 임야를 중점적으로 투자하기도 한다.

법원경매와 공매는 시행하는 기관과 절차에서 차이가 있으나 투자자의 입장에서 투자수익을 극대화하고자 하는 투자방식의 선택이라는 점에서는 동일하다.

K씨는 아파트나 주택, 상가건물을 투자할 경우에는 주로 법원경매

를 통해 물건을 찾고 입찰에 참여한다. 이러한 부동산은 소유권이전 이외에도 명도문제가 있기 때문이다. 명도를 하고자 할 때 법원 집행관의 현장조사서를 참고할 수 있고 이외에도 경매관련 서류를 쉽게 조사할 수 있기 때문이다.

한편, 임야나 전, 답, 과수원 등 땅에 투자할 경우에는 주로 한국자산관리공사 공매를 이용한다. 물론 이들 중에는 등기된 입목의 집단이나 지상에 비닐하우스와 같은 지상물이 존재할 수 있어 지상권의 성립여부에 대한 우려가 있으나 대부분은 어렵지 않게 명도를 할 수 있다.

그리고 한국자산관리공사 공매에서는 임야나 전, 답 등 매각물건이 많고 다양하여 쉽게 양호한 물건을 찾을 수 있기 때문이다.

이제는 한국자산관리공사에서 인터넷입찰을 실시하므로 투자자는 시간을 절약할 수 있다. 입찰현장에 직접 가지 않아도 되며 입찰서의 작성에서부터 입찰보증금의 납부와 유찰시 보증금의 반환도 인터넷상에서 은행계좌로 자동으로 이루어진다. 투자자는 시간과 경비 면에서 인터넷입찰을 적극 활용하는 것이 좋다.

투자수익을 극대화하라

12장

...세계 최대의 부동산 거래는 알래스카 매매거래였다.

1867년 10월 미국은 러시아로부터 720만 달러에 알래스카를 구입했다.

당시 미국의 교섭 당사자는 국무장관으로 임명된 William Seward였으며 이 거래를 성립시킨 후 많은 미국인들은 무용지물에 돈을 낭비하였다고 해서 '스워드의 어리석은 행위' 또는 '스워드의 졸속거래'라고 불렀다.

알래스카는 깨끗한 공기, 맑은 물, 야생동물과 수려한 경관의 대자연을 지닌 광활하고 아름다운 곳이다.

북미 최고봉인 멕킨리산을 비롯한 수많은 국립공원과 해마, 바다코끼리, 북극곰을 볼 수 있는 알래스카는 미국에서 가장 큰 주이며 최소의 인구를 가지고 있다.

알래스카는 금과 석유를 비롯한 풍부한 천연자원이 있어 미국으로서는 투자금액 대비 가장 많은 수익을 올린 장사를 하게 된 것이다.

투자를 잘하고 못하고는 투자수익에서 차이가 난다.

현명한 투자자라면 투자수익을 극대화하고자 할 것이다.

부동산의 매매나 경매에서도 투자자는 자신이 투자한 부동산이 수익을 많이 남겨줄 것을 기대한다.

어떻게 하면 투자수익을 극대화 할 수 있을까?

나무를 원목 그대로 갖고 있으면 땔감으로 사용할 수 밖에 없다.

그러나 이 나무를 갈고 닦아서 아름다운 가구를 만들면 비싼 값에 팔 수 있다.

부동산도 경매나 공매를 받아서 이를 그대로 사용하거나 임대하거나 매매하고자 하면 약간의 수익은 있을 수 있으나 큰 수익을 남기지는 못한다.

경매에서 투자수익을 극대화하고자 하면 명도 후 경락받은 부동산을 수리하거나 리모델링하여 최상급 물건으로 만들어야 한다.

J씨는 공장을 경영하다가 지금은 여유자금을 가지고 경매에 투자한다.

집에 최신형 컴퓨터를 갖추어 놓고 필요한 정보를 인터넷으로 검색하고 경매정보지도 보면서 경매물건을 찾는다.

J씨는 경매물건 중에서 역세권에 있는 단독주택이나 임대가 잘 나갈 수 있는 연립주택에만 입찰한다. 아파트의 경우에는 응찰자가 많아서 시세차익을 올릴 수 없으며 낙찰받은 후에 수리를 해도 투자수

익이 크지 않다는 지론이다. 그러나 역세권 단독주택이나 빌라, 연립주택은 입찰자가 많지 않아서 감정가에 비하여 아주 싼 값에 낙찰을 받을 수 있다.

낙찰받은 단독주택이나 연립주택을 2-3천만 원만 투자, 수리하면 새 집으로 단장할 수 있다. 이를 임대놓으면 즉시 임대가 가능하고 매매 역시 역세권에 있는 새 집이므로 시세보다 저렴하게 매물로 내놓으면 매매도 잘 된다는 것이다.

J씨는 낙찰받은 주택의 수리를 위해 전담 인테리어 업자를 정해 수리하고 리모델링한다. J씨는 1년에 몇 번만 경락을 받아도 예전에 공장경영 할 때보다 못지않은 연봉수입이 된다고 한다.

물론 시세차익을 올릴 수 있는 좋은 부동산을 찾으려면 그만큼 발품을 팔아야 한다는 점을 강조하고 있다.

투자수익을 극대화하려면 임야나 전, 답을 찾아보는 것도 좋다.

임야나 전, 답을 경매로 입찰하고자 할 경우에는 반드시 현장답사를 해야 한다. 현장을 답사, 개발예정지역이나 도로가 개통될 수 있는 지역으로 도로에 접하거나 진입로가 있는 땅이면 투자가치가 높다.

경매나 공매로 전, 답, 과수원 등 농지를 경락받은 자는 농지취득자격증명서를 제출해야 한다. 법원경매의 경우 최고가 매수인으로 결정된 후 매각결정기일까지 농지취득자격증명서를 제출해야 매각이 허가되며, 이를 제출하지 못해 매각이 불허가될 때에는 입찰보증금은 반환하지 않고 몰수되어 배당재단에 산입된다.

경락자는 농지취득자격 증명신청서를 작성하여 농지관리위원 2명으로부터 확인을 받아 시, 군, 구, 읍, 면장에게 제출하여 농지취득자격증명서를 발급받아야 소유권이전등기가 가능하다.

임야는 농지취득자격증명과 같은 절차가 필요 없으므로 취득하기가 쉽다.

그러나 임야는 면적이 크고 경계를 확인하는 것이 쉽지 않으며, 확인되지 않은 분묘가 있을 수 있으므로 주의를 해야한다.

경매나 공매로 임야나 전, 답을 경락받을 경우 토지거래허가를 받지 않아도 된다. 이들을 농지전용허가나 형질변경허가를 받아서 대지나 공장용지 등으로 변경할 수 있으면 투자수익은 매우 높다.

농지전용이란 전, 답 등 농지를 농작물경작이나 농업생산 이외의 목적으로 사용하는 것을 말한다. 논이나 밭을 대지로 전용하여 투자수익을 높이고자 할 때는 농지전용허가를 받아야 한다.

농지전용허가를 받으려면 사업계획서, 소유권입증서류, 지적도, 인근 농지영농에 피해가 될 경우 피해방지계획서 등을 작성하여 농지관리위원회에 제출한다. 농지관리위원회는 읍 · 면장과 리 · 동장, 농협과 관련된 기관의 임직원, 새마을지도자, 농민후계자 등 지역유지들로 구성된다.

농지전용허가가 나오면 대체농지조성비와 농지전용부담금을 납부해야 한다. 대체농지조성비는 농지를 대지로 전용하게되면 그만큼 농지가 줄어들게 되므로 줄어든 농지를 새로 조성하는데 필요한 재원이다. 농지전용부담금은 농지를 전용함으로써 생기는 이익의 일부를 징수, 농어촌 구조개선사업의 재원으로 사용하기 위해서 부과한다.

형질변경이란 토지를 절토, 성토, 정지 등의 공사로 토지의 형상을 변경하는 행위를 말한다. 도시계획구역외의 농지를 전용하여 대지로 변경하는 것을 농지전용이라고 하면 도시계획구역내에서는 형질변경이라고 한다.

준보전임지에서 임야를 대지로 변경하는 것을 형질변경이라고 하고 보전임지를 타용도로 변경하는 것은 전용이라고 한다.

임야를 훼손하여 전원주택을 지으려면 산림형질변경허가를 받아야 한다. 산림의 형질변경은 사업계획서와 훼손된 임야도, 소유권을 증명할 수 있는 서류 등을 갖추어 시장, 군수나 지방산림관리청장에게 신청한다.

산림형질변경허가를 받으면 대체조림비와 전용부담금을 납부해야 한다.

농지전용시 대체농지조성비를 납부하는 것과 마찬가지로 산림형질변경시에는 대체조림비를 납부하는 것이다. 전용부담금은 농지전용과 마찬가지로 공시지가의 20%이다.

부동산 투자는 투자자마다 개성이 다르므로 자기에게 적합한 대상을 선택하는 것이 좋다. 아파트를 선호하는 사람도 있고 단독주택이나 연립주택을 선호하는 사람도 있다. 임야나 농지를 선호하는 사람도 있고 상가건물만 찾는 사람도 있다. 어디에 투자하든지 투자한 부동산에 수리비나 개발비를 투입, 이를 최상의 물건으로 만드는 것이 중요하다.

부동산 투자는 일반매매로 할 경우 시세대로 하는 것으로 누구나 할 수 있는 것이요, 경매로 투자하는 것은 시세차익을 얻을 수 있으므로 투자수익을 아는 자가 하는 것이요, 경매로 취득한 부동산을 리모델링하거나 용도변경하여 투자가치를 높이는 것이야말로 최상의 투자자라고 할 수 있다.

PART 2

이 론 편

현재 서점에는 '부자되는 방법'을 제시하는 책이 많다. 주식으로 돈을 버는 방법이나 부동산으로 억대부자가 되는 방법을 제시하고 있다.

그러나 정작 중요한 것은 책만 읽는다고 돈을 벌게 해주지는 못한다는 점이다. 책속에 있는 지식이나 경험을 자신의 것으로 만들어야 한다.

기초가 튼튼해야 높은 건물을 쌓을 수 있듯이 부동산 경매로 부자가 되고자 한다면 경매에 대한 이론을 알아야 한다. 자신이 경매이론을 모른다면 이러한 이론과 실전을 겸비하고 믿을 수 있는 사람으로부터 자문을 받아야 한다.

이론편에서는 부동산 경매의 첫걸음부터 경매신청과 입찰준비, 권리분석, 소유권이전등기에 이르기까지 입찰의 전과정에 대하여 경매이론을 체계적이고 완벽하게 알 수 있도록 하였다.

법원경매도 기간입찰제를 도입하고 우편으로 입찰이 가능하도록 되었으며 한국자산관리공사는 인터넷 공매입찰을 실시하는 변화의 시기에 딱딱하게만 생각되는 경매이론을 경매신청 당사자와 입찰자 모두가 이해하기 쉽고 알기쉽게 정리하였다.

부동산경매 첫 걸음

 경매의 의의

... **경매란** 일반적으로 당사자 일방이 다수의 상대방에게 매수의
청약을 하게 하고 그 중 최고가격으로 청약을 한 사람에게 매도의 승
낙을 함으로써 이루어지는 매매의 한 형식이다.

2002. 1. 26 민사집행법이 제정됨에 따라 부동산의 매각은 매각기
일에 하는 호가경매, 매각기일에 입찰 및 개찰하게 하는 기일입찰 또
는 입찰기간 이내에 입찰하게 하여 매각기일에 개찰하는 기간입찰의
세가지 방법으로 한다(민사집행법 제103조).

호가경매는 다수의 매수신청인이 구두로 가격을 외쳐 최고가격을
제시한 자를 최고가입찰자로 결정하는 방식이다.

기일입찰은 입찰기일에 입찰장소에서 입찰서류에 입찰가격을 기

재하여 입찰함에 투입하면 즉시 서류를 정리하여 개찰함으로써 최고가 매수신고인을 정하는 방식이다.

　기간입찰은 7~30일 이내에 입찰서류를 접수해 입찰기간이 끝난 뒤 7일내로 정해지는 매각기일에 입찰서류를 개봉해 최고가 매수신고인을 낙찰자로 정하는 방식이다.

🏠 경매와 입찰

　입찰이란 법원의 입찰명령에 의해 실시하는 방식으로 입찰자는 입찰기일에 입찰장소에서 배부한 입찰표에 입찰가격을 기재해 집행관에게 제출하면, 집행관은 입찰자 중에서 최고의 가격으로 응찰한 사람을 최고가입찰자로 결정하는 부동산경매의 환가방법이다.

　입찰에서 최고의 가격으로 응찰한 사람이 2인 이상이면 그들만을 상대로 곧바로 추가입찰을 실시하며, 그래도 또 다시 2인 이상이 최고의 가격으로 응찰한 경우에는 추첨에 의하여 최고가입찰자를 정하며, 추가입찰 시 처음 입찰가격보다 적은 금액으로 응찰할 수 없다.

　최고가 매수신고액에서 그 입찰보증금을 공제한 금액을 넘게 신고한 매수신고인은 최고가 매수신고인이 대금을 납부하지 않는 경우에 경락허가를 청구하는 차순위 매수신고를 할 수 있다. 차순위 매수신고인이 2인 이상일 때에는 신고한 매수가격이 높은 사람을 차순위 매수신고인으로 정하고, 신고한 매수가격이 같은 때에는 추첨에 의해 차순위 매수신고인을 정하게 된다.

🏠 경매분류와 집행법원

1. 경매의 분류

경매의 분류에는 강제경매와 임의경매의 두 가지가 있다.

(1) 강제경매

강제경매란 채무자 소유의 부동산을 압류, 환가(매각)하여 그 매각 대금으로 채권자의 금전채권의 만족을 얻을 것을 목적으로 하는 강제 집행절차이다. 강제경매에서 채권자가 채무자에 대해 급부청구권을 가지고 있음을 표시하고 그 청구권을 강제집행할 수 있음을 인정한 공적인 문서를 채무명의 혹은 집행명의라고 한다.

채무명의가 될 수 있는 것들에는 확정된 이행판결, 가집행선고부판결, 확정된 지급명령, 화해조서·조정조서·청구의 인낙조서 등과 같은 각종조서, 공증된 금전채권문서 등이 있다.

(2) 임의경매

임의경매는 강학상의 용어로서 그 실행에 채무명의를 요하지 아니하는 경매 즉 민사소송법 제7편 제5장에 규정된 담보권실행 등을 위한 경매를 지칭하는 것이다. 즉 임의경매란 저당권, 질권, 유치권, 전세권, 담보가등기 등 담보물권이 가지고 있는 경매권에 의해 실행되는 경매를 말한다.

임의경매에는 저당권, 질권 등 담보권의 실행으로서 행해지는 실질적 경매와 민법, 상법, 기타 법률의 규정에 의해 재산의 보관 또는 정리, 가격보존 등의 목적으로 그 목적물을 환가하는 형식적 경매가 있다. 형식적 경매의 예를 들면, 공유물분할을 위한 경매가 있다.

(3) 강제경매와 임의경매의 차이점과 공통점

종전에는 민사소송법에 의한 강제경매와 경매법에 의한 임의경매로 이원화되어 있었으나 1990. 9. 1부터 경매법이 개정 민사소송법에 흡수 폐지되어 담보권실행을 위한 경매도 민사소송법에 포함되어 있다.

강제경매가 채무자의 일반재산에 대한 일반책임(인적책임)의 실현을 구하는 것이고, 임의경매는 담보권자의 우선변제를 위해 담보목적물을 경매하는 것이므로 특정재산에 대한 특정책임(물적책임)의 실현을 구하는 것이라는 차이가 있다.

또한 강제경매는 담보의 제공행위없이 실행되므로 예견되지 않은 경매인 반면, 임의경매는 부동산 소유자가 담보를 제공한 후에 실행되므로 어느 정도 예견된 경매라고 할 수 있다.

그러나 강제경매와 임의경매 모두 금전채권의 만족을 얻기 위해 국가가 부동산을 강제적으로 경매하는 것이라는 점과, 경락인이 경매부동산의 소유권을 취득하는 시기를 경락대금을 완납한 때로 하는 점에서 공통점이 있다.

2. 집행법원

부동산경매의 집행법원은 목적부동산의 소재지를 관할하는 지방법원이 된다. 만약 관할권이 없는 법원에 경매신청이 된 경우에는 관할 지방법원으로 이송해야 한다. 1개의 부동산이 여러 개의 지방법원의 관할구역에 걸쳐 소재하고 있는 경우에는 각 지방법원이 관할권을 갖는다. 이와같이 여러 개의 관할구역에 겹치는 경우 경매신청을 수리한 법원이 필요하다고 인정할 때는 신청사건을 다른 관할법원에 이송할 수 있다.

🏠 경매절차의 이해관계인

부동산경매는 채무자 소유의 부동산을 환가하는 절차이므로 부동산이 경매되는 것과 관련하여 이해관계를 가진 자가 많다. 이러한 자의 권리를 보호하기 위해 민사소송법은 이해관계를 가진 자 중에서 특히 보호할 필요가 있는 자를 이해관계인으로 규정하고 이들에게 경매절차의 전반에 걸쳐서 관여할 자격을 주고 있다.

1. 이해관계인의 범위
민사소송법은 이해관계인의 범위를 제한적, 열거적으로 규정하고 이 범위에 속하지 않는 자는 경매절차에서 이해관계인으로 취급하지 않는다.

민사소송법이 규정한 이해관계인의 범위는 다음과 같다(민사소송법 제607조).

(1) 압류채권자
압류채권자라 함은 경매신청을 한 채권자를 말한다.

압류가 경합된 경우 뒤의 압류채권자는 이해관계인에 해당한다.

(2) 집행력 있는 정본에 의하여 배당을 요구한 채권자

집행력 있는 정본은 집행문이 붙은 채무명의의 정본을 말하며, 집행문은 채무명의에 집행력 있음과 집행당사자, 집행의 범위 등을 공증하기 위해 법원사무관 등이 공증기관으로서 채무명의의 말미에 부기하는 공증문언을 말한다.

(3) 채무자 및 소유자

채무자는 집행채무자(압류등기 당시의 소유자인 채무자)를 말하며, 소유자는 경매개시결정 기입등기 당시 목적부동산의 소유자를 말한다. 경매개시 후에 채무자가 사망하면 상속인이 일반승계인으로서 채무자가 된다. 이 경우에는 승계신고가 필요하다.

가압류등기 후 본압류에 의한 경매신청 전에 소유권이전등기를 마친 자는 여기서 말하는 소유자에 해당한다.

(4) 부동산등기부에 기입된 부동산위의 권리자

부동산등기부에 기입된 부동산위의 권리자는 경매신청기입등기 당시에 이미 등기가 되어 등기부상 나타난 자를 말하며, 용익권자(전세권자, 지상권자, 지역권자, 임대차등기를 한 임차권자), 담보권자(저당채권자에 대한 질권자, 저당권자) 등이 이에 해당한다.

경매개시결정등기 이전에 등기한 환매권자, 피압류채권을 압류등기한 채권자, 가등기담보권자, 순위보전의 가등기권리자도 경매절차의 이해관계인이다.

(5) 부동산위의 권리자로서 그 권리를 증명한 자

부동산위의 권리자는 경매신청기입등기 이전에 목적부동산에 대하여 등기없이도 제 3자에게 대항할 수 있는 물권 또는 채권을 가진 자를 말한다. 이에 해당하는 자로서는 유치권자, 점유권자, 특수지역권자, 건물등기있는 토지임차인, 인도 및 주민등록을 마친 주택임차인, 법정지상권자 등이 있다. 이들은 등기없이도 압류채권자에게 대항할 수 있기 때문이다.

부동산위에 위와 같은 권리를 가진 자는 법원에 스스로 그 권리를 증명해야만이 비로소 경매절차의 이해관계인이 된다. 그리고 법원에 이러한 권리의 증명은 경락기일 종료까지 할 수 있다.

2. 이해관계인의 사망과 경매절차

경매절차에 있어서는 이해관계인이 사망해도 그 절차는 중단되지 않는다.

그러므로 이해관계인이 사망한 경우 상속인은 그 사실을 집행법원에 신고해 그 표시를 정정케 할 필요가 있다.

3. 이해관계인의 권리

이해관계인은 자신의 권리를 보호받기 위해 경매절차의 진행상황을 알고 경매절차에 참가하여 권리행사를 할 수 있다. 구체적으로 이해관계인은 다음과 같은 권리를 행사할 수 있다.

① 경매기일에 출석

② 매각조건의 변경에 합의

③ 경락기일에 경락의 허·부에 대하여 진술

④ 그에 대한 즉시항고

⑤ 배당요구신청 또는 이중경매신청이 있으면 법원으로부터 통지를 받을 수 있는 권리

⑥ 배당기일에 출석하여 배당표에 대하여 의견진술

⑦ 경매에 참가(일부 이해관계인은 제한)

⑧ 집행방법에 대한 이의신청 등

기일입찰제와 기간입찰제

1. 기일입찰제

기일입찰제는 입찰기일에 입찰장소에서 입찰서류에 입찰금액을 써서 입찰함에 투입하는 방식이다. 이 때 입찰자는 입찰보증금으로 최저매각가격의 10분의 1을 입찰보증금봉투에 넣어서 입찰표와 함께 투입해야 한다. 입찰마감 시간이 되면 입찰을 종료하고 즉시 서류를 정리, 개찰함으로 최고가 매수신고인을 정하게 된다.

입찰기일 공고 ➡ 입찰서류 입찰함에 투입 ➡ 개찰 및 최고가 매수신고인 결정 ➡ 낙찰기일에 낙찰자 결정

2. 기간입찰제

기간입찰제는 입찰자가 입찰기간인 7~30일의 기간에 직접 또는 우

편으로 입찰서류를 법원에 접수한다. 법원에서는 접수된 입찰서류를 확인하고 입찰기간이 끝난 후 7일 내로 정해지는 매각기일에 입찰서류를 개봉해 최고가 매수신고인을 낙찰자로 정하는 방식이다.

2002. 1. 26에 민사집행법이 제정되어 기간입찰제를 도입하게 되었으며 이의 시행에 필요한 내부규칙을 정비하여 2004년 9월부터 시행하게 되었다.

기간입찰제는 입찰보증금으로 최저매각가격의 10%를 내거나 또는 보증회사의 지급보증증명서로 이를 대체할 수 있다.

기간입찰제에서 입찰자가 우편으로 입찰서류를 접수시킬 경우에는 입찰기간 내에 서류가 법원에 도착해야 한다.

대법원은 기간입찰제는 주로 고가의 부동산을 경매할 경우에 적용토록 하고, 소액 경매에서는 기일입찰제를 적용토록 할 방침이다.

기일입찰제와 기간입찰제를 선택하는 것은 경매담당 법관이 판단하여 선택하게 된다.

기간입찰제에서 입찰서류 접수시 입찰보증금은 최저경매가의 10% 또는 보증회사의 지급보증증명서 첨부, 우편접수시는 입금표나 지급보증증명서를 동봉하면 된다.

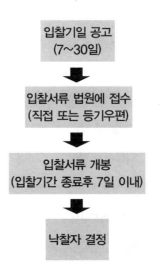

입찰기일 공고
(7~30일)

입찰서류 법원에 접수
(직접 또는 등기우편)

입찰서류 개봉
(입찰기간 종료후 7일 이내)

낙찰자 결정

🏠 경매절차 개관

부동산경매는 일정한 절차에 따라 진행된다.

경매절차를 전체적으로 개관하여 보면 다음표와 같다.

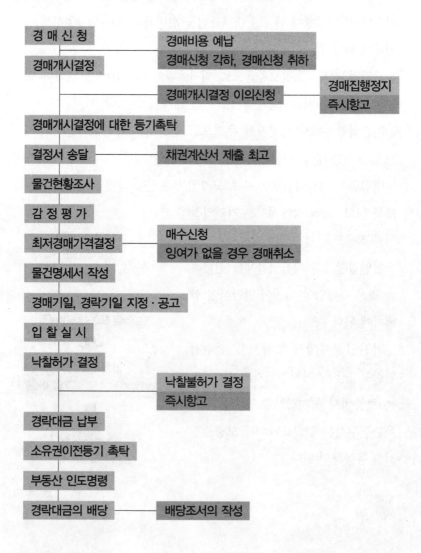

경 매 신 청	경매비용 예납 경매신청 각하, 경매신청 취하
경매개시결정	
	경매개시결정 이의신청 → 경매집행정지 즉시항고
경매개시결정에 대한 등기촉탁	
결정서 송달	채권계산서 제출 최고
물건현황조사	
감 정 평 가	
최저경매가격결정	매수신청 잉여가 없을 경우 경매취소
물건명세서 작성	
경매기일, 경락기일 지정 · 공고	
입 찰 실 시	
낙찰허가 결정	
	낙찰불허가 결정 즉시항고
경락대금 납부	
소유권이전등기 촉탁	
부동산 인도명령	
경락대금의 배당	배당조서의 작성

경매신청과 경매개시결정

2장

 경매의 신청

1. 당사자

(1) 본인

경매신청의 당사자는 채권자와 채무자이다. 당사자는 대리인에 의하여 소송행위를 할 수 있으며, 당사자가 소송무능력자인 경우에는 법정대리인을 표시해야 한다.

(2) 법정대리인

채권자, 채무자가 행위무능력자 즉 미성년자, 한정치산자, 금치산자인 경우에는 법정대리인이 경매신청을 할 수 있다.

또한 지배인, 선박관리인 등과 같이 법령에 의하여 재판상의 행위를 할 수 있는 대리인은 경매신청을 할 수 있다. 이 경우 대리인 자격을 표시해야 한다.

(3)임의대리인

당사자의 친족, 고용 기타 특별한 관계에 있는 자는 법원의 허가를 얻어서 경매신청을 할 수 있다. 이 경우 경매신청 대리허가신청서에는 본인과 대리인의 관계를 기재하고 이를 증명하는 문서를 첨부해야 한다.

(4)변호사

변호사는 재판상의 행위를 대리할 수 있으므로 당연히 본인의 임의대리인으로 경매신청을 할 수 있다.

(5)금융기관이나 한국자산관리공사에서 경매신청하는 경우

금융기관이 부동산에 대한 압류채권자인 경우에는 금융기관 자신이 경매신청한다. 한국자산관리공사가 금융기관으로부터 부실자산의 정리를 '위임' 받은 경우에는 대리인 자격으로 경매신청하고, 부실자산의 정리를 '인수' 받은 경우에는 한국자산관리공사 자신이 당사자로서 경매신청한다.

2. 경매의 목적물

① 경매의 목적물은 등기부의 기재와 일치해야 한다. 만약 경매신

청서에 기재된 목적물이 등기부의 기재와 불일치할 경우에는 경매개시결정에 앞서 보정을 명한다.

② 미등기 부동산에 대한 경매신청의 경우에는 등기공무원이 직권으로 소유권보전등기를 하고 경매개시결정기입등기를 한다. 이 경우에는 미등기 부동산이 즉시 채무자의 명의로 등기할 수 있음을 증명할 수 있는 서류를 첨부해야 한다.

③ 채무자가 상속을 하였으나 아직 상속등기를 하지않은 경우에는 대위에 의한 상속등기를 하고 그 상속인을 소유자로 하여 경매신청을 할 수 있다. 이 경우 집행력있는 정본 등과 같은 대위원인을 증명하는 서류를 첨부해야 한다.

④ 경매신청 전에 목적부동산의 소유자가 사망하여 상속이 개시되었으나 그 상속등기가 되지않은 경우에는 대위에 의한 상속등기를 하고 그 상속인을 소유자로 하여 경매신청을 해야 한다. 이를 간과하고 경매개시결정을 한 경우에는 신청채권자에게 상속대위등기를 하게 한 후에 소유자의 표시를 경정하면 된다.

⑤ 나대지에 저당권을 설정한 후 그 설정자가 그 토지 위에 건물을 축조하여 소유하고 있는 경우에는 저당권자는 그 토지와 함께 건물에 대하여도 경매신청 할 수 있다. 다만 저당권자는 건물부분의 대각대금에서는 우선변제를 받을 권리가 없다.

⑥ 국세체납절차에 의한 압류부동산에 대한 공매와 민사집행절차

에 의한 법원경매가 경합된 경우에는 쌍방절차에서 각 채권자는 서로 다른 절차에서 정한 방법으로 별도로 사건을 진행한다. 이 경우 양 경락자 중에서 선순위로 그 소유권을 취득한 자가 진정한 소유자로 확정된다.

3. 청구금액

① 담보권실행을 위한 경매에서 신청채권자의 청구금액은 경매신청서에 기재된 채권액을 한도로 확정된다. 즉 경매절차 개시를 한 후에 청구금액의 확장은 허용되지 않는다. 이는 강제경매의 경우에도 동일하다.

② 다만 강제경매의 신청채권자는 채무명의를 가지고 있는 채권자로서 배당요구의 종기인 경락기일까지 배당요구를 할 수 있으므로 청구금액을 확장하여 청구하는 경우 이를 배당요구로 볼 수 있다.

③ 경매신청서에 청구금액으로 원리금을 기재한 경우에는 경매개시결정에 원금만 기재되어도 채권자는 원리금의 변제를 받을 수 있다. 그러나 경매신청서에 이자의 기재가 없으면 후에 채권계산서를 제출하면서 이자를 청구하여도 이는 청구금액의 확장으로 보아 인정할 수 없다.

4. 경매신청의 방식

① 경매신청은 서면으로 해야 한다. 신청서에는 소정의 사항을 기

재해야 하며, 소정의 서류와 인지를 첨부해야 한다.

② 경매신청서에는 채권자와 채무자의 주소, 성명을 표시한다. 채무자의 주소가 부동산등기부상의 주소와 다른 경우에는 등기부상의 주소도 병기하며 주소변경이 있는 경우에는 신, 구 주소를 모두 병기한다.

③ 채권자와 채무자가 법인인 경우에는 그 명칭, 주된 사무소 또는 영업소, 대표자를 표시한다. 법인의 명칭변경이나 상호변경의 경우에는 신, 구의 명칭 또는 상호가 동일인의 것이라는 증명서를 제출한다.

④ 경매신청서에는 경매의 목적물이 될 부동산을 특정하여 표시해야 한다. 등기된 부동산의 경우에는 부동산등기부의 표제부에 기재되어 있는대로 표시하고, 미등기 부속건물이 있으면 그 미등기 부속건물의 구조와 건물을 아울러 표시한다.

⑤ 강제경매에서 청구금액의 표시는 채무명의에 표시된 채권액의 범위 내로 기재해야 한다. 청구금액의 표시는 반드시 확정금액으로 표시하여야 하는 것은 아니고 기간, 액수, 이율 등으로 계산가능한 표시가 있으면 된다.

5. 경매신청의 접수

① 경매신청서가 관할 집행법원에 접수되면 사건번호를 부여하고 담당 법관에게 사건배당을 한다.

법원양식

부 동 산 강 제 경 매 신 청 서

| 수입인지 |
| 5,000원 |

채 권 자   성 명

　　　　　주 소

채 무 자   성 명

　　　　　주 소

청구금액 : 원금　　　　　원 및 이에 대한　　　년　　월　　일부터

　　　　　다 갚을 때까지 연　　%　비율에 의한 금원

경매할 부동산의 표시 : 별지 목록 기재와 같음

경매의 원인된 채권과 집행할 수 있는 채무명의

채무자는 채권자에게　　　법원　　　가　　　　　　　청구사건의

200 년　월　일 선고한 판결(또는　공증인　작성　호 공정증서)

의 집행력 있는 정본에 기하여 위 청구금액을 변제하여야 할 것이나 이를

이행하지 아니하므로 위 부동산에 대한 강제경매 절차를 개시하여 주시기

바랍니다.

첨 부 서 류

1. 집행력있는 정본　　　　　　　　　1통

2. 송달증명서　　　　　　　　　　　1통

3. 부동산등기부등본　　　　　　　　1통

　　　　　　년　　　　　월　　　　　일

　　　위 채권자　　　　　　　　(인)

　　　　　연락처(☎)

　　　지방법원　　　　　　귀중

부 동 산 임 의 경 매 신 청 서

> 수입인지
> 5,000원

채 권 자 성 명
　　　　　주 소
채 무 자 성 명
　　　　　주 소

청구금액 : 원금　　　　　원 및 이에 대한　　　년　　월　　일부터 다 갚
　　　　을 때까지 연　　　% 비율에 의한 금원
경매할 부동산의 표시 : 별지 목록 기재와 같음

담 보 권 과 피 담 보 채 권 의 표 시

채무자는 채권자에게　　　년　월　일 금　　　　　원을, 이자는 연　　%, 변
제기일　　　년　월　일로 정하여 대여하였고, 위 채무의 담보로 별지목록기재
부동산에 대하여　　　지방법원　　등기 접수 제　　　호로서 근저당권설정등
기를 마쳤는데, 채무자는 변제기가 경과하여도 아직까지 변제하지 아니하므로 위
청구금액의 변제에 충당하기 위하여 위 부동산에 대하여 담보권실행을 위한 경매
절차를 개시하여 주시기 바랍니다.

첨 부 서 류

1. 부동산등기부등본　　　　　　　　　　　　　　　　1통
2. 근저당권설정계약서(채권증서 또는 원인증서 포함)사본　1통

　　　　　　　　　　　년　　　월　　　일

　　　위 채권자　　　　　　　　(인)

　　　　연락처(☎)

　　　지방법원　　　　　　귀중

② 경매신청이 있으면 집행법원은 신청서의 기재 및 첨부서류에 의하여 강제집행의 요건 등에 대하여 형식심사를 하고 신청요건에 하자가 있으면 경매신청서 제출자에게 보정을 촉구한다.

③ 신청사건이 중복사건인 경우에는 선행사건의 담당부로 재배당한다.

④ 경매신청에 요건의 하자가 있고 이 하자가 보정할 수 없는 경우에는 결정으로 신청을 각하한다. 경매신청을 각하하는 재판에 대하여는 즉시항고 할 수 있다.

🏠 경매비용의 예납

1. 예납절차

경매신청인은 경매신청 시에 강제집행에 필요한 경매비용을 법원보관금취급규칙이 정하는 바에 따라 예납하여야 한다. 사건진행중 송달료가 부족하여 추가로 납부하고자 할 때도 수납은행에 비치되어 있는 송달료납부서에 사건번호와 금액을 기재하여 수납은행에 납부한다.

2. 예납비용

경매신청인이 예납할 경매비용은 부동산의 감정료, 현황조사수수료, 서류의 송달료, 신문공고료, 경매수수료 등이다.

경매신청인이 경매비용을 예납하지 않으면 법원은 경매신청을 각하하거나 집행절차를 취소할 수 있다.

경매개시결정과 등기촉탁

1. 경매개시결정

(1)경매개시결정의 시기

법원은 경매신청의 요건이 구비되었다고 판단하면 경매신청서 접수일로부터 2일 이내에 경매개시결정을 한다. 경매개시결정을 할 경우 동시에 그 부동산에 대한 압류를 명해야 한다.

(2)결정서 기재사항

경매개시결정서의 기재사항은 다음과 같다.

① 사건번호

② 채권자 · 채무자의 주소 및 성명

③ 부동산의 표시(별지첨부)

④ 별지 기재 부동산에 대하여 경매절차를 개시하고 채권자를 위하여 이를 압류한다는 취지

⑤ 청구금액

⑥ 결정이유

⑦ 결정날짜

(3)경매개시결정의 효력

① 경매개시결정에 의한 압류의 효력시기는 그 결정이 채무자에게 송달된 때 또는 경매신청의 기입등기가 된 때에 발생한다. 즉 경매개시결정이 채무자에게 송달된 시기와 경매신청등기가 된 시기중에서 먼저된 시기에 경매개시결정의 효력이 발생한다.

② 압류의 효력으로 채무자는 그 부동산을 처분할 수 없다. 즉 채무자는 압류된 부동산을 타에 양도하거나 담보권 또는 용익권의 설정 등의 처분행위를 할 수 없다. 그러나 채무자는 압류 후에도 경락인이 소유권을 취득할 때까지 부동산의 교환가치를 감소하지 않는 한도내에서 그 부동산을 사용 · 수익 · 관리할 수 있다.

(4)압류의 효력소멸

경매개시결정에 의한 압류의 효력은 경매대금의 교부 · 경매신청의 취하 등으로 집행이 종료되거나 목적물이 멸실되면 소멸한다.

2. 경매개시결정의 등기촉탁과 기입등기

① 집행법원은 경매개시결정을 하였을 때에는 직권으로 그 사유를 등기부에 기입할 것을 등기촉탁서 원본으로 등기관에게 촉탁해야 한 다.

② 목적부동산이 여러 개인 경우 관할등기소가 각각 다른 때에는 각 등기소별로 촉탁서를 작성하여 촉탁해야 한다.

③ 등기촉탁의 시기는 경매개시결정과 동시에 또는 개시결정 직후에 촉탁해야 한다. 통상 법원은 경매개시결정 정본을 채무자에게 송달하기 전에 촉탁해야 한다. 이는 채무자에게 경매개시결정 정본이 송달된 후에 촉탁하면 경매개시결정 송달 후 경매개시결정등기 전에 채무자가 즉시 목적부동산을 타에 처분하거나 담보권설정 등으로 채권자에게 불측의 손해를 입힐 우려가 있기 때문이다.

④ 등기관은 법원으로부터 경매개시결정등기의 촉탁이 있으면 그 촉탁서에 의해 경매개시결정등기(경매신청등기)를 등기부에 기입해야 한다.

🏠 채권신고의 최고 및 임차인 등에 대한 통지

1. 채권신고의 최고방법

① 채권신고의 최고방법에는 제한이 없으나 통상 서면으로 하고 있다. 즉 '채권신고최고서'를 발송한다.

② 집행법원은 경매절차의 이해관계인에게 채무자 또는 소유자에 대하여 가진 채권의 원금, 이자, 비용 기타 부대채권의 내역을 기재한 계산서를 제출할 것을 최고한다. 채권신고 최고기간은 경락기일 전까지로 규정하고 있으나 실무에서는 잉여의 유무를 판단하기 위하여 제출시한을 정하여 최고하고 있다.

③ 채권신고의 최고는 경매개시 결정일로부터 3일 이내에 하도록
되어 있으며, 실무에서는 통상 경매개시결정과 동시에 하고
있다.

2. 경매절차의 이해관계인에 대한 최고

경매개시결정시 집행법원은 압류채권자, 집행력있는 정본에 의하
여 배당을 요구한 채권자, 부동산등기부에 기입된 부동산위의 권리
자, 부동산위의 권리자로서 그 권리를 증명한 자 등 경매절차의 이해
관계인에게 '채권신고최고서'를 발송한다.

3. 공유자에 대한 통지

① 부동산 공유지분에 대한 경매신청이 있는 경우에는 경매개시결
정등기 후에 다른 공유자에게 그 신청이 있음을 통지해야 한다.

② 그러나 공유자라고 할지라도 누가 공유자가 되어도 이해관계가
없을 경우에는 통지를 하지 않을 수 있다. 예컨대 아파트, 다세
대주택 등의 대지권에 관한 공유지분과 같이 구분소유권적 공유
의 경우에는 누가 공유자가 되더라도 이해관계가 없다할 것이므
로 통지를 하지 않을 수 있다.

③ 통지결여의 효력에 대하여는 통지결여를 이유로 경매개시결정
의 효력에는 영향이 없다. 다만 경매가 진행되어 경락허가를 한
경우에 다른 공유자가 이를 이유로 경락허가에 대한 이의 또는
경락허가결정에 대한 항고를 할 수 있다.

권리신고 겸 배당요구신청서

사건번호   타경   부동산강제(임의)경매

채 권 자

채 무 자

소 유 자

　본인은 이 사건 경매절차에서 임대보증금을 우선변제받기 위하여 아래와 같이

권리신고 겸 배당요구를 하오니 매각대금에서 우선배당을 하여 주시기 바랍니다.

아　　　　　래

1. 계 약 일 :　　　．　．

2. 계약당사자 : 임대인(소유자) ○　　○　　○

　　　　　　　　임　차　인 ○ ○ ○

3. 임대차기간 :　　．　．．부터　　．　．．까지(　년 간)

4. 임대보증금 : 전세　　　　　원

　　　　　　　보증금　　　　　원에 월세

5. 임차 부분 : 전부(방　칸), 일부(　　층 방　칸)

　　(※ 뒷면에 임차부분을 특정한 내부구조도를 그려주시기 바랍니다)

6. 주택인도일(입주한 날) :　　．　．　．

7. 주민등록전입신고일　:　　．　．　．

8. 확　정　일　자　유무 : □ 유(　．　．　．), □ 무

9. 전세권(주택임차권)등기　유무 : □ 유(　．　．　．), □ 무

[첨부서류]

1. 임대차계약서 사본　1통

2. 주민등록등본　　　1통

년　　　　월　　　　　일

　　　　권리신고 겸 배당요구자　　　　　　　　(인)

　　　　연락처(☎)

　　　　지방법원　　　　　　　귀중

4. 공과관청에 대한 최고

① 집행법원은 경매개시를 결정한 때에는 조세 기타 공과를 주관하는 공무소에 대하여 그 부동산에 대한 체납공과금의 유무와 한도를 일정한 기간내에 통지할 것을 최고해야 한다.

② 최고의 대상 관할관청은 경매할 부동산 소재지의 시 · 군 · 구 등 관할 관청장, 부동산 소유자의 주소지를 관할하는 세무서장 등이다.

③ 최고는 경매개시결정일로부터 3일 이내에 2주일 이내의 기간을 정하여 최고해야 하며, 통상 송달의 방법으로 최고한다.

5. 임차인에 대한 통지

집행법원은 현황조사보고서상의 임차인이나 임차인일 가능성이 있는 사람에게 대상 부동산에 대하여 경매절차가 진행중임을 알리고 배당요구를 해야만 배당받을 수 있음을 통지한다.

 경매개시결정의 송달

1. 경매개시결정 송달의 의의

① 경매개시결정의 당사자에 대한 고지는 경매개시결정의 효력발생 요건이므로 유의하여 송달해야 한다.

② 강제경매의 경우에는 채무자에게 송달하고, 임의경매의 경우에

는 소유자에게 송달해야 하며 채무자에게는 상당한 방법으로 고지하면 된다. 실무에서는 소유자와 채무자 모두에게 송달의 방법으로 고지한다.

③ 이중경매개시결정을 한 경우에도 송달해야만 경매개시결정의 효력이 발생한다.

④ 채권자에게도 고지의 방법으로 그 정본을 송달한다. 그러나 채권자에게는 송달이 아닌 다른 적당한 방법으로 고지하여도 무방하다. 채권자에게 경매개시결정을 송달하지 않고 경매절차를 진행해도 경락의 효력에는 영향이 없다.

⑤ 채무자나 소유자가 주소불명 등으로 송달불능이 된 경우에는 먼저 채권자에게 주소보정을 명하고 보정된 주소로도 송달이 안되는 경우에는 당사자의 신청 또는 직권으로 '공시송달'의 방법으로 송달한다.

⑥ 채무자나 소유자가 외국에 거주하여도 송달해야 한다. 외국송달의 방법은 그 외국에 거주하는 대한민국 영사에게 촉탁한다. 외국송달의 경우 경매개시결정의 송달은 필요하나 기타 입찰기일의 통지 등은 불필요하다.

2. 경매개시결정의 송달시기

① 경매개시결정의 송달시기는 개시 결정일로부터 3일 이내에 채무자에게 송달한다. 그러나 실무에서는 경매개시결정에 대한 등

기촉탁을 먼저하고 그 후 등기관으로부터 등기부등본 또는 이에 갈음하는 통지서를 송부받은 후 또는 경매개시결정 기입등기를 촉탁하고 상당한 기간이 경과된 후에 경매개시결정 정본을 채무자에게 송달한다.

② 실무에서 등기관으로부터 등기부등본이나 이에 갈음하는 통지서를 송부받은 후 또는 등기촉탁 후 상당한 기간(7일 정도)이 경과한 후에 채무자에게 송달한다. 그 이유는 경매개시결정 기입등기 경료 전에 경매개시결정 정본이 채무자에게 송달된 경우 채무자가 즉시 목적 부동산을 타에 처분할 우려가 있기 때문이다. 이는 부동산 압류의 효력은 경매개시결정이 채무자에게 송달된 때 또는 경매개시결정등기가 된 때에 발생하기 때문이다.

경매개시결정에 대한 이의신청

1. 이의신청

경매사건의 이해관계인은 경락대금 완납시까지 경매개시결정에 대한 이의신청을 할 수 있다. 경매개시결정에 대한 이의신청은 개시결정을 한 집행법원에 한다.

2. 이의신청의 사유

(1) 강제경매의 경우

① 강제경매의 경우 이의신청의 사유는 절차상의 사유에 한한다.

즉 경매신청방식의 적부, 경매신청인의 적부, 대리권의 존부, 목적부동산 표시의 불일치, 집행력있는 정본의 불일치, 집행채권의 기한미도래 등 형식적 효력에 관한 것이다.

② 이의신청의 사유는 경매개시결정 전의 것이어야 한다. 따라서 경매개시결정 후의 위법사유는 이의사유가 되지않는다.

(2) 임의경매의 경우

① 임의경매의 경우 이의신청의 사유는 절차상의 사유는 물론 실체상의 사유도 인정된다. 즉 절차상의 사유인 경매신청방식의 적부, 신청인의 적부 등은 물론이고, 실체상의 사유인 저당권의 부존재, 저당권의 소멸, 무효 또는 변제 등도 이의신청이 가능하다.

② 저당권의 부존재 또는 경매개시결정 이전에 저당권이 소멸된 경우에는 경매가 진행되어 경락된 경우 경락인은 목적부동산을 취득하지 못한다. 그러나 채무변제는 경락인이 대금납부 후에는 실체상의 사유로 경락인의 소유권을 다툴 수 없으므로 경락인의 대금납부 전까지 경매개시결정에 대한 이의신청을 해야 한다.

3. 이의신청의 효력

① 이의신청은 집행정지의 효력이 없다.

② 이의신청에 대한 재판은 변론을 열거나 열지 않고 결정의 형식

으로 한다. 변론을 열지 아니하는 경우에도 당사자나 이해관계인을 심문할 수 있다. 일반적으로 변론을 여는 경우는 거의 없으며 서면 심리에 의한다.

③ 이의신청에 대한 심리결과 이의가 있는 경우에는 경매개시결정을 취소하고 경매신청을 기각한다. 이의신청이 부적법하거나 이유없는 경우에는 이의신청을 각하 또는 기각한다.

4. 이의신청의 결정에 대한 즉시항고

① 이의신청에 대한 결정에 대하여는 즉시항고를 할 수 있다. 즉시항고는 이의신청에 대한 재판의 고지일로부터 1주일 이내에 제기해야 한다. 즉시항고는 집행정지의 효력이 없다.

② 즉시항고가 이유있는 경우에는 법원은 그 재판을 경정해야 한다. 즉시항고가 이유없는 경우에는 의견서를 첨부하여 그 기록을 항고 법원에 송부해야 한다.

입찰준비와 입찰실시

현황조사

1. 현황조사명령

① 집행법원은 경매개시결정을 한 후 지체없이 집행관에게 부동산의 현황, 점유관계, 차임 또는 보증금의 수액 기타 현황에 관하여 조사할 것을 명해야 한다. 실무에서는 경매개시결정일로부터 3일 이내에 집행관에게 현황조사명령을 발한다.

② 점유자가 없어 조사를 할 수 없는 경우에는 야간이나 휴일에 현황조사를 실시하고 그 사유를 기재해야 한다.

③ 집행관이 현황조사보고서를 제출한 후에 새로운 사항에 대하여 조사할 필요가 있거나 보충조사를 할 필요가 있을 경우에는 추

가조사 명령이나 재조사명령을 할 수 있다.

2. 집행관의 현황조사권

집행관은 현황조사를 위하여 부동산에 출입할 수 있고 채무자 또는 그 점유자에게 질문하거나 문서의 제시를 요구할 수 있다. 또한 집행관은 부동산에 출입하기 위해 필요한 때에는 잠긴 문을 여는 등 적절한 처분을 할 수 있다.

3. 부동산 현황조사보고서

•••••• 부동산 현황 조사보고서 ••••••

법원양식

부동산   현황조사보고서

○ ○ 법원 판사 귀하

○○ 타경 ○○부동산경매사건에 관하여 다음과 같이 부동산의 현황을 조사 보고합니다.

    1. 부동산의 표시
    2. 조사의 일시
    3. 조사의 장소
    4. 조사의 방법
    5. 야간, 휴일에 실시한 경우 그 사유

첨부. 1. 부동산의 현황 및 점유관계조사서
      2. 임대차관계조사서

○○년 ○○월 ○○일

집행관 ○ ○ ○

집행관은 현황조사보고서를 2주일의 기간 내로 집행법원에 제출해야 한다. 부동산 현황조사보고서에는 부동산의 표시, 조사일시, 조사장소, 조사방법, 야간이나 휴일에 실시한 경우 그 사유 등을 기재해야 하며 부동산의 현황을 알 수 있도록 도면, 사진을 첨부해야 한다.

🏠 감정평가

1. 평가명령

① 집행법원은 감정인으로 하여금 부동산을 평가하게 하고 그 평가액을 참작하여 최저경매가격을 정해야 한다. 감정은 한국감정평가협회의 소속회원 중에서 각급 법원이 선정한 감정평가사무소의 감정인이 행한다.

② 평가명령은 경매신청기입등기 등기필증의 송부를 받은 날로부터 3일 이내에 하도록 되어 있으며, 감정인의 감정평가서 제출기간은 2주일 이내로 정하고 있다.

③ 평가명령 후에 집행장애 사유가 발견된 경우에는 즉시 감정인에게 연락해 평가에 착수하지 않도록 명해야 하며, 감정인은 집행법원의 별도 통지가 있을 때까지 경매목적물에 대한 감정평가업무 및 감정평가서의 작성을 중단해야 한다.

2. 감정인의 감정평가

① 감정인은 '지가공시 및 토지 등의 평가에 관한 법률'과 '감정평

가에 관한 규칙'에서 정한 기준에 따라 감정평가해야 한다.

② 감정인은 평가를 위하여 부동산에 출입할 수 있고 채무자 또는
그 부동산의 점유자에게 질문하거나 또는 문서의 제시를 요구할
수 있다. 그러나 감정인은 집행관과는 달리 부동산에 출입하기
위해 강제력을 행사할 수는 없고 강제력의 행사가 필요한 경우
에는 집행법원의 허가를 얻어 집행관의 원조를 구할 수 있다.

③ 감정인은 집행법원의 명에 의해 그 직무를 수행할 때에는 신분
또는 자격을 증명하는 문서를 휴대하고 관계인의 청구가 있는
때에는 이를 제시해야 한다.

④ 감정인이 경매부동산을 평가할 때는 신뢰할 수 있는 자료가 있
는 경우를 제외하고는 실지조사에 의하여 부동산 현황을 확인해
야 한다. 따라서 감정인이 육안으로 부동산 현황을 확인하지 않
고 감정평가액을 산출한 경우에는 그 감정이 정당하다고 할 수
없으므로 집행법원은 감정인에게 재조사하여 감정하도록 보정
을 명한다.

⑤ 경매부동산의 실지조사는 반드시 감정평가사 본인이 해야 하는
것은 아니며 업무를 원활하게 할 사정이 있는 경우에는 조사능
력이 있는 보조자에 의해 이루어질 수 있다. 통상적으로 감정평
가사무소의 조사직원이 부동산 현황을 확인하고 인근 부동산중
개소 등에서 시세조사 및 감정자료를 조사하고 있다.

3. 재평가 명령

집행법원은 감정인의 평가가 합리적 근거가 없거나 또는 경제사정의 급격한 변동으로 당초의 평가액이 현재의 시세와 현저한 차이가 나서 이를 최저경매가격으로 삼을 수 없다고 판단되는 경우에는 재평가를 명할 수 있다.

4. 감정평가보고서

① 감정평가서에는 평가목적, 평가의뢰인, 평가기준, 평가방법, 평가가격, 평가가격 산출근거, 평가의견 등을 기재하고 감정평가사가 날인해야 한다.

② 토지평가 요항표에는 위치 및 부근의 상황, 교통상황, 형태 및 이용상태, 도로상태, 토지이용계획관계 및 공법상 제한상태, 제시목록외의 물건, 공부와의 차이, 임대관계 및 기타 사항을 기재한다.

③ 건물평가 요항표에는 건물의 구조, 이용상태, 위생 및 냉난방설비, 기타설비, 부합물 및 종물관계, 공부와의 차이, 임대관계 및 기타 사항을 기재한다.

④ 위치도, 건물내부 구조도, 사진 등을 첨부해야 한다.

5. 최저경매가격의 결정

집행법원은 감정인의 평가액을 참작하여 최저경매가격을 정해야 한다. 감정인의 평가가격을 그대로 최저경매가격으로 정해야 하는 것은 아니지만 실무에서는 감정인의 평가가격을 그대로 최저경매가격으로 정하는 것이 일반적이다.

경매물건명세서 작성 및 비치

1. 경매물건명세서 작성

① 집행법원은 집행관의 현황조사보고서와 감정인의 감정평가서를 받은 후 감정인의 평가액을 참작해 최저경매가격을 결정하고 경매 물건명세서를 작성한다.

② 경매물건명세서에 기재할 사항은 다음과 같다.

- **부동산의 표시**
  등기부등본상의 부동산 표시를 그대로 기재하되 등기상 표시와 부동산 현황이 다른 경우에는 현황도 병기한다. 또한 감정평가액과 최저입찰가격 등도 표시한다.
- **부동산의 점유자와 점유의 권원, 점유할 수 있는 기간, 차임 또는 보증금에 관한 관계인의 진술**
- **등기된 부동산에 관한 권리 또는 가처분으로서 경락에 의해 그 효력이 소멸되지 아니하는 것**
- **경락에 의하여 설정된 것으로 보게되는 지상권의 개요**

2. 경매물건명세서 비치

① 집행법원은 경매물건명세서를 작성하면 입찰기일 1주일 전까지 그 사본을 법원에 비치해 일반인이 열람할 수 있도록 해야 한다.

② 경매물건명세서는 집행관의 현황조사보고서, 감정인의 감정평가서와 함께 사본을 만들어 사건별로 분철한 후 입찰기일 1주일 전부터 경매기일까지 계속 비치한다. 경매물건명세서 사본은 통상적으로 경매계 사무실에 비치한다.

경매기일과 경락기일의 지정 및 공고

1. 경매기일과 경락기일의 지정

① 경매기일은 법원이 경매부동산에 대하여 입찰을 실시하는 날이며, 경락기일은 경매기일에 최고가매수신고인이 있을 경우 이해관계인에게 낙찰에 관한 진술을 듣고 경매절차의 적법여부를 심사해 낙찰허가 또는 낙찰불허가의 결정을 선고하는 날이다.

② 집행법원은 채권과 경매비용을 공제하고 잉여가 있음을 인정하거나 압류채권자가 매수신청을 하고 충분한 보증을 제공한 때에는 직권으로 경매기일과 경락기일을 정해 공고한다.

③ 경매기일의 지정 및 공고는 집행관의 현황조사보고서와 감정인의 감정평가서를 접수한 날로부터 3일 이내에 한다.

④ 최초의 경매기일은 경매공고일로부터 14일 이후로 정하고, 신

경매기일과 재경매기일은 경매공고일로부터 7일 이후로 정하되 장소와 시간을 공고해야 한다.

⑤ 경락기일은 경매기일로부터 7일 이내로 정한다.

⑥ 법원은 경매기일과 경락기일을 이해관계인에게 통지해야 한다.

2. 경매기일과 경락기일의 공고

① 경매기일과 경락기일의 공고는 공고사항을 기재한 서면을 법원 게시판에 게시해야 한다.

② 최초의 경매기일 공고는 그 요지를 신문에 게재하여야 한다. 그 외의 경매기일도 필요하다고 인정할 때에는 신문에 게재할 수 있다.

③ 신문공고는 전국적인 규모의 일간지 또는 그 지역에서 발행되는 주요 일간지에 게재한다. 신문공고 내용에는 경매할 부동산, 최저경매가격 및 경매의 일시와 장소 등 그 요지만을 기재하면 된다.

④ 경매기일 공고서에 기재할 사항은 다음과 같다.

- 부동산의 표시
- 강제집행에 의해 경매하는 취지
- 부동산의 점유자, 점유의 권원, 점유사용할 수 있는 기간, 차임 또는 보증금의 약정유무와 그 수액

- 경매의 일시, 장소와 경매할 집행관의 성명

- 최저경매가격

- 경락의 일시 및 장소

- 집행기록을 열람할 장소

- 등기부에 기입을 요하지 아니하는 부동산 위에 권리있는 자의 채권을 신
  고할 취지

- 이해관계인이 경매기일에 출석할 취지

- 그밖에 필요한 사항

경매기일과 경락기일의 변경

1. 경매기일의 변경

① 경매기일의 변경은 예정된 경매기일 전에 그 경매기일을 취소하
고 다른 날짜로 경매기일을 정하는 것이다.

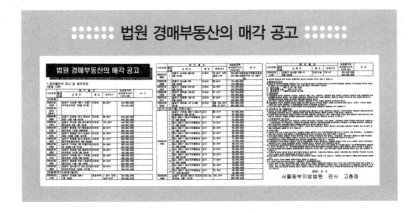

매각기일 변경신청서

사건번호   타경   호

채 권 자

채 무 자

위 사건에 관하여   .   .   . :   로 매각기일이 지정되었음을 통지

받았는바   사정으로 그 변경(연기)을 요

청하오니 조치하여 주시기 바랍니다.

                    년   월   일

                채 권 자   (인)
                연락처(☎)

        지방법원   귀중

② 경매기일의 변경은 당사자의 신청에 의해 변경하는 경우와 법원이 직권으로 변경하는 경우가 있다. 경매기일의 변경은 원칙적으로 법원의 재량권에 속하는 사항이므로 당사자가 신청하는 경우에도 모두 받아들여지는 것은 아니다.

– 당사자의 신청에 의해 경매기일을 변경하는 경우로는 원칙적으로 경매신청 채권자가 신청하는 경우에는 이를 허용하고, 채무자나 소유자가 신청하는 경우에는 채권자의 동의를 얻을 경우에 허용한다.

– 법원의 직권으로 경매기일을 변경하는 경우는 경매절차의 위법을 발견하거나 경매기일에 경매를 실시할 수 없는 경우 기타 상당한 사유가 있는 경우에는 경매기일을 취소하거나 변경한다.

③ 변경된 경매기일은 법원 게시판에 공고한다.

2. 경락기일의 변경

① 경락기일의 변경은 예정된 경락기일을 취소하고 다른 날짜로 경락 기일을 정하는 것이다. 법원은 경락기일을 열 수 없는 사정이 발생한 경우에 재량으로 이를 변경할 수 있다.

② 경락기일의 변경은 경매기일 전에 경매기일과 함께 변경할 수도 있고, 경매실시 후에 경락기일만을 변경할 수도 있고, 경락기일을 개시한 후에 변경할 수도 있다.

③ 경매기일 종료 후에 경락기일을 변경한 경우에는 이해관계인, 최고 가매수신고인, 차순위매수신고인에게 변경된 기일을 통

지해야 한다. 변경된 경락기일은 통지하면 되고 공고할 필요는 없다.

🏠 입찰의 실시

1. 입찰개시 선언과 입찰기록 열람

① 경매기일에 집행관은 입찰법정에서 입찰절차를 진행한다.

② 집행관은 통상 오전 10시에 입찰의 개시를 선언한다. 입찰개시는 오전 10시에 선언하는 것이 대부분이지만 경우에 따라서는 오후 1시에 입찰개시를 선언하는 법원도 있다.

③ 집행관은 입찰개시를 선언하면서 입찰기록을 열람하도록 허용한다. 입찰기록의 열람은 통상 1시간 정도로 한다. 이 때 입찰자들은 자기가 입찰할 물건에 대하여 권리관계, 임대차관계 등 입찰에 필요한 사항을 최종적으로 검토한다.

④ 집행관은 입찰개시를 선언하면서 입찰표의 기재요령, 차순위매수신 고인의 차순위매수신고방법, 경매기일에 공고된 입찰물건 중에서 취하되거나 변경된 물건의 사건번호, 입찰 마감시간 등을 알려준다.

2. 입찰표의 기재 및 입찰함에 투함

① 집행관은 입찰개시를 선언하고 1시간 정도는 입찰자들이 입찰

입찰표

기 일 입 찰 표

서울북부지방법원 집행관 귀하   년   월   일

사 건 번 호		타 경		호	물 건 번 호	※물건번호가 여러개 있는 경우에는 꼭 기재

입 찰 자	본 인	성 명		㉘	전화번호	
		주민(사업자) 등록번호		법인등록 번 호		
		주 소				
	대리인	성 명		㉘	본인과의 관 계	
		주민등록 번 호		전화번호	−	
		주 소				

입찰 가액	천 억	백 억	십 억	천 만	백 만	십 만	만	천	백	십	일	원	보 증 금 액	백 억	십 억	억	천 만	백 만	십 만	만	천	백	십	일	원

보증의 제공방법	□ 현금·자기앞수표 □ 보증서	보증을 반환 받았습니다. 본인 또는 대리인 ㉘

주의사항.
1. 입찰표는 물건마다 별도의 용지를 사용하십시오, 다만, 일괄입찰시에는 1매의 용지를 사용하십시오.
2. 한 사건에서 입찰물건이 여러개 있고 그 물건들이 개별적으로 입찰에 부쳐진 경우에는 사건번호외에 물건번호를 기재하십시오.
3. 입찰자가 법인인 경우에는 본인의 성명란에 법인의 명칭과 대표자의 지위 및 성명을, 주민등록란에는 입찰자가 개인인 경우에는 주민등록번호를, 법인인 경우에는 사업자등록번호를 기재하고, 대표자의 자격을 증명하는 서면(법인의 등기부 등·초본)을 제출하여야 합니다.
4. 주소는 주민등록상의 주소를, 법인은 등기부상의 본점소재지를 기재하시고, 신분확인상 필요하오니 주민등록증을 꼭 지참하십시오.
5. 입찰가격은 수정할 수 없으므로, 수정을 요하는 때에는 새 용지를 사용하십시오.
6. 대리인이 입찰하는 때에는 입찰자란에 본인과 대리인의 인적사항 및 본인과의 관계 등을 모두 기재하는 외에 본인의 위임장(입찰표 뒷면을 사용)과인감증명을 제출하십시오.
7. 위임장, 인감증명 및 자격증명서는 이 입찰표에 첨부하십시오.
8. 일단 제출된 입찰표는 취소, 변경이나 교환이 불가능합니다.
9. 공동으로 입찰하는 경우에는 공동입찰신고서를 입찰표와 함께 제출하되, 입찰표의 본인란에는 "별첨 공동입찰자목록 기재와 같음"이라고 기재한 다음, 입찰표와 공동입찰신고서 사이에는 공동입찰자 전원이 간인하십시오.
10. 입찰자 본인 또는 대리인 누구나 입찰보증금을 반환받을수 있습니다.
11. 보증의 제공방법(현금·자기앞수표 또는 보증서)중 하나를 선택하여 □표를 기재하십시오.

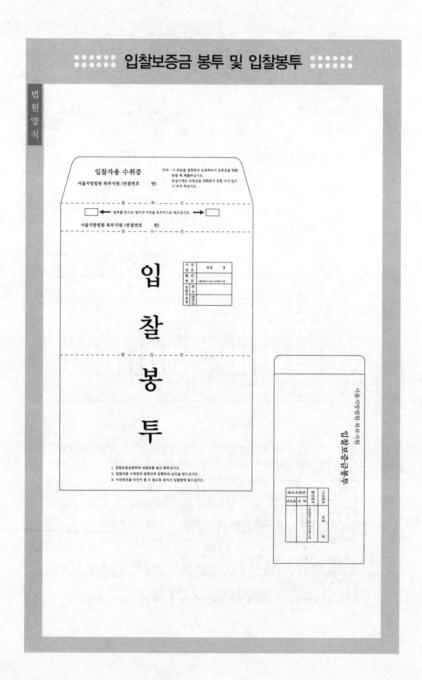

기록을 열람하고 입찰표를 기재하도록 시간을 준 후, 통상 오전 11시 10분 정도에 입찰을 마감한다.

② 입찰자들은 집행관이 입찰개시를 선언하면 바로 입찰표의 제출이 가능, 집행관을 보조하는 담당자로부터 입찰표를 수령한다. 이때 입찰표와 입찰보증금 봉투, 입찰봉투를 함께 수령한다.

③ 입찰자들은 입찰표를 기재하고 입찰보증금은 입찰보증금 봉투에 넣은 후 입찰표와 입찰보증금 봉투를 황색의 대봉투인 입찰봉투에 넣는다.

④ 입찰마감 전에 집행관에게 입찰봉투를 제출해 접수증을 수령하고 입찰봉투는 입찰함에 투함한다.

⑤ 집행관은 입찰마감 시간이 되면 입찰마감을 선언한다.

3. 개찰 및 최고가매수신고인 결정

① 입찰을 마감하면 즉시 입찰봉투를 개찰한다.

② 사건별로 입찰봉투를 정리, 최고가입찰자의 입찰보증금과 입찰표 기재내용을 확인하고 이상이 없으면 최고가매수신고인을 결정한다.

③ 최고가입찰자가 입찰가격을 기재하지 않은 경우, 입찰가격을 정정한 경우, 입찰가격이 최저입찰가격 미만인 경우, 입찰보증금이 부족한 경우, 한 장의 입찰표에 여러 개의 사건번호나 물건번

호를 기재한 경우 등에는 이를 무효로 처리한다.

④ 최고가입찰자의 입찰표가 무효처리된 경우에는 차순위입찰자의 입찰봉투를 개봉하여 확인하고 이상이 없으면 이를 최고가매수신고인으로 결정한다.

⑤ 최고가입찰자 이외의 입찰자 중에서 최고가입찰가액에서 입찰보증금을 공제한 금액보다 높은 가격으로 응찰한 입찰자는 차순위매수 신고를 할 수 있다.

⑥ 집행관은 최고가매수신고인에게는 입찰보증금에 대한 영수증

01 부_동_산_상_식

경매조서에 기재할 사항(민사소송법 제628조)

– 부동산의 표시
– 압류채권자의 표시
– 집행기록을 열람하게 한 일
– 특별매각조건이 있는 때에는 이를 고지한 일
– 매수가격의 신고를 최고한 일
– 모든 매수신고가격과 그 신고인의 성명, 주소 또는 허가할 매수가격의 신고가 없는 일
– 경매의 종결을 고지한 일시
– 매수하기 위해 보증을 제공한 일 또는 보증을 제공하지 않아 그 매수를 허가하지 않은 일
– 최고가매수신고인과 차순위매수신고인의 성명과 그 가격을 호창한 일

을 교부하고, 나머지 입찰자들에게는 접수증을 회수하고 신분을 확인한 후에 입찰보증금을 반환한다.

⑦ 집행관은 입찰에 대한 모든 절차가 종료되면 입찰종결을 고지하고 경매조서를 작성한다.

낙찰허가와 그 후 절차

4장

낙찰허부 결정

1. 낙찰허가결정

① 집행법원은 최고가매수신고인에 대하여 경락기일에 낙찰허가 여부를 최종적으로 결정한다. 낙찰허부는 결정으로 하고 법정에서 선고한다.

② 법원은 경락기일에 출석한 이해관계인으로 하여금 경락에 관한 의견을 진술하게 하여 이해관계인의 낙찰허가에 대한 이의가 이유없다고 인정하거나 또는 낙찰불허가 사유가 없다고 인정할 때에는 최고가매수신고인에게 낙찰허가결정을 한다.

③ 낙찰허가결정은 선고한 때에 고지의 효력이 발생하므로 별도로

송달은 하지 않는다. 그러나 법원게시판에 공고하여야 하며 특별한 매각조건으로 경락한 때에는 그 조건을 낙찰허가결정에 기재해야 한다.

2. 낙찰불허가결정

① 법원은 경락기일에 출석한 이해관계인으로 하여금 경락에 관한 의견을 진술하게 하여 이해관계인의 이의신청을 정당하다고 인정한 때에는 경락을 허가하지 않는다.

02 부_동_산_상_식

경락허가에 대한 이의사유(민사소송법 제633조)

– 강제집행을 허가할 수 없거나 집행을 속행할 수 없을 때
– 최고가매수신고인이 부동산을 매수할 능력이나 자격이 없는 때
– 최고가매수신고인이나 그 대리인이 타인의 매수신청을 방해한 자 이거나, 부당하게 타인과 담합하거나 기타 경매의 적정한 실시를 방해한 자 또는 이러한 행위를 교사한 자에 해당하는 때
– 법률상의 매각조건에 위반하여 매수하거나 모든 이해관계인의 합의없이 법률상의 매각조건을 변경한 때
– 경매기일공고가 법률의 규정에 위반한 때
– 최저경매가격의 결정, 일괄경매의 결정 또는 물건명세서의 작성에 중대한 하자가 있는 때
– 차순위매수신고의 규정에 위반하여 차순위매수신고를 한 때
– 매수신청의 보증 규정에 위반하여 최고가매수신고인으로 호창한 때

② 법원은 민사소송법 제633조에 규정한 사유가 있는 때는 직권으로 경락을 허가하지 않는다. 다만, 제1호의 경우에는 경매한 부동산이 양도할 수 없는 것이거나 경매절차를 정지한 때에 한하며, 제2호의 경우에는 능력 또는 자격의 흠결이 제거되지 않을 때, 제4호의 경우에는 이해관계인이 절차의 속행을 승인하지 않는 경우에 한한다.

03 부_동_산_상_식

과잉경매의 경우의 경락불허(민사소송법 제636조)

- 수개의 부동산을 경매한 경우에 1개의 부동산의 매득금(賣得金)으로 각 채권자에게 변제하고 강제집행비용에 충분한 때에는 다른 부동산에 대한 경락을 허가하지 않는다.
- 제1항의 경우에 채무자는 그 부동산중 매각할 것을 지정할 수 있다.

③ 매수가격의 신고 후에 천재·지변 기타 자기가 책임을 질 수 없는 사유로 인하여 부동산이 훼손된 때에는 최고가매수인은 경락불허가 신청을, 경락인은 대금을 납부할 때까지 경락허가결정의 취소신청을 할 수 있다. 다만, 부동산의 훼손이 경미한 때는 그렇지 않다.

④ 법원은 '경락허가에 대한 이의사유'(민사소송법 제633조)와 '경락의 불허사유'(민사소송법 제635조)의 규정에 의하여 경락을 허가하지 않고 다시 경매를 명하는 때에는 직권으로 신경매기일

을 정해야 한다.

⑤ 신경매기일은 공고일로부터 7일 이후로 정해야 한다.

🏠 낙찰허부에 대한 즉시항고

1. 즉시항고를 제기할 수 있는 경우

① 경락인, 채무자, 소유자, 임차인, 근저당권자 등 이해관계인은 경락허부의 결정에 의하여 손해를 받을 경우에는 그 결정에 대해 즉시항고를 제기할 수 있다.

② 경락허가의 이유가 없거나 결정에 기재한 이외의 조건으로 허가할 것임을 주장하는 경락인 또는 경락허가를 주장하는 매수신고인도 즉시항고를 제기할 수 있다.

③ 경락허가결정에 대한 항고는 민사소송법에서 규정한 경락허가에 대한 이의원인이 있음을 이유로 하거나 경락허가결정이 경락조서의 취지에 저촉된 것을 이유로 하는 때에 한해 제기할 수 있다.

④ 경락불허가결정에 대한 항고는 민사소송법에서 규정한 모든 불허가 원인이 없음을 이유로 하는 때에 한해 제기할 수 있다.

⑤ 채무자나 소유자 또는 경락인이 경락허가결정에 대하여 항고를 제기할 때는 보증으로 경락대금의 10분의 1에 해당하는 현금

또는 법원이 인정한 유가증권을 공탁해야 한다.

04 부_동_산_상_식

즉시항고란?

즉시항고란 소송법상 일정한 불변기간 내에 제기해야 하는 항고를 말한다. 이는 보통항고에 대립되는 것으로 재판의 성질상 신속히 확정지어야할 결정에 대해 개별적으로 인정되는 불복신청방법이다.

즉시항고는 원칙적으로 집행정지의 효력을 가진다. 즉시항고기간은 민사소송법에서는 1주일간이다.

이에 대하여 보통항고는 재판이 고지된 후 그 취소를 구할 실익이 있는한 언제든지 제기할 수 있는 항고이다.

2. 즉시항고를 제기할 수 있는 기간

① 즉시항고는 경락허부결정이 선고된 후 1주일 내에 제기해야 한다. 항고인은 항고장을 원심법원에 제출한다.

② 항고장에 항고이유를 적지 아니한 때에는 항고인은 항고장을 제출한 날부터 10일 이내에 항고이유서를 원심법원에 제출해야 한다.

③ 항고인이 항고이유서를 제출하지 않거나 또는 항고가 부적법하고 이를 보정할 수 없음이 분명한 때에는 원심법원은 결정으로 그 즉시항고를 각하해야 한다.

④ 채무자나 소유자 또는 경락인이 항고장을 제출할 때 경락대금의
   10분의 1에 해당하는 보증제공증명서를 첨부하지 않은 경우,
   원심법원은 그 항고장을 접수한 날로부터 7일 이내에 결정으로
   항고장을 각하해야 한다.

3. 항고인의 보증금 처리

① 채무자 또는 소유자가 제기한 즉시항고가 기각된 때에는 항고
   인은 보증금으로 제공한 금전이나 유가증권의 반환을 청구하지
   못한다. 이 경우 보증금은 배당재단에 편입되어 배당의 대상이
   된다.

② 경락인이 제기한 즉시항고가 기각된 때에는 항고인은 보증으로
   제공한 금전이나 유가증권의 환가금액중 항고를 한 날부터 항고
   기각 결정이 확정된 날까지의 경락대금에 대한 대통령령이 정하
   는 이율에 의한 금액에 대해서는 반환을 청구하지 못한다. 이 경
   우 경락대금에 대한 이자가 보증으로 제공한 금전이나 유가 증
   권의 환가금액을 초과하는 경우 보증으로 제공한 금전이나 유가
   증권의 환가금액을 반환청구하지 못한다. 다만 보증으로 제공한
   유가증권이 환가되기 전에 위의 금액을 항고인이 지급한 경우
   그 유가증권의 반환을 청구할 수 있다.

4. 항고심의 절차
① 항고법원은 경락허가결정에 대한 항고가 이유있는 경우에는 원

심결정을 취소하고 경락불허가결정을 해야 한다.

② 항고법원은 경락불허가결정에 대한 항고가 이유있고 경락을 불허할 다른 이유가 없는 때에는 원심결정을 취소하고 경락허가결정을 해야 한다.

③ 항고법원은 필요한 경우에는 반대진술을 하게하기 위해 항고인의 상대방을 정할 수 있다.

④ 1개의 결정에 관한 여러 개의 항고는 병합한다.

5. 항고재판 결과의 통지 및 공고

① 항고심에서 항고를 기각한 경우에는 그 결과를 항고인에게 고지해야 한다.

② 집행법원의 결정을 변경하거나 파기한 경우에는 항고인의 상대방은 물론 그 결정에 대하여 항고권이 있는 이해관계인 모두에게 고지해야 한다.

③ 집행법원의 결정을 변경하거나 파기한 항고법원의 재판은 집행법원이 법원게시판에 공고해야 한다.

경락대금 납부

1. 경락대금의 지급기일

① 집행법원은 경락허가결정이 확정된 날 또는 상소법원으로부터 상소 기록을 수령한 날로부터 1개월 이내로 대금지급기일을 정하여 경락인과 차순위매수신고인을 소환해야 한다.

② 집행법원은 경락허가결정이 확정된 날 또는 상소법원으로부터 상소기록을 수령한 날로부터 3일 이내에 경락인과 차순위매수신고인에게 대금지급기일을 통지한다.

③ 경락인은 대금지급기일에 경락대금을 납부해야 한다. 이 때에 납부할 금액은 경락인이 입찰표에 기재한 입찰가격에서 입찰보증금을 공제한 금액이다.

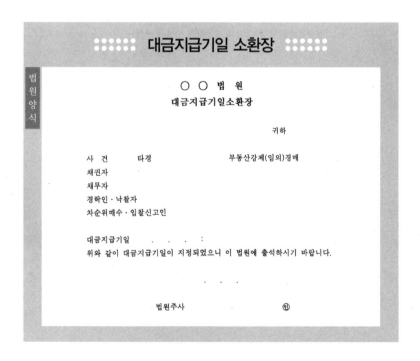

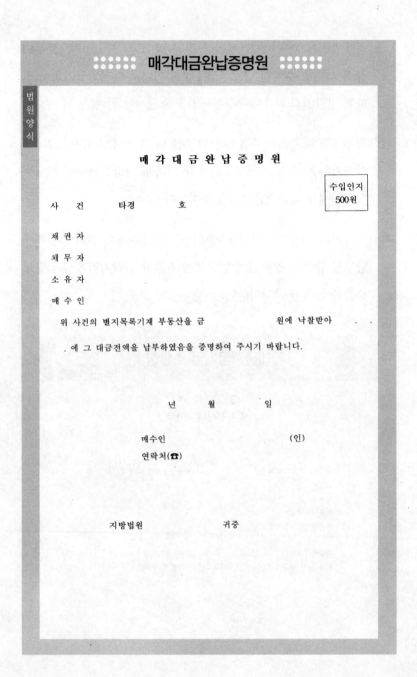

매 각 대 금 완 납 증 명 원

수입인지
500원

사 건   타경   호

채 권 자

채 무 자

소 유 자

매 수 인

위 사건의 별지목록기재 부동산을 금   원에 낙찰받아

. 에 그 대금전액을 납부하였음을 증명하여 주시기 바랍니다.

년   월   일

매수인   (인)

연락처(☎)

지방법원   귀중

2. 대금납부의 효력

① 경락인은 경락대금을 완납한 때에 목적부동산의 소유권을 취득한다.

② 대금납부의 효력은 대금지급기일에 경락대금을 완납한 때에 발생하는 것이므로 경락인이 대금지급기일전에 경락대금을 납부해도 대금납부의 효력은 대금지급기일이 경과한 때에 발생한다.

③ 차순위매수신고인은 경락인이 대금을 지급함으로써 매수의 책임을 면하고 즉시 보증금의 반환을 청구할 수 있다.

3. 차순위매수신고인에 대한 경락허부결정 (민사소송법 제647조의 2)

① 차순위매수신고인이 있는 경우에 경락인이 대금지급기일에 그 의무를 이행하지 않을 때는 차순위매수신고인에 대한 경락허부를 결정해야 한다.

② 차순위매수신고인에 대한 경락허가결정이 있는 때에는 경락인은 매수의 보증으로 보관하게한 금전이나 유가증권의 반환을 청구하지 못한다.

4. 재경매

① 경락인이 대금지급기일에 대금지급의무를 완전히 이행하지 않

고 차순위매수신고인이 없는 때에는 법원은 직권으로 부동산의 재경매를 명해야 한다.

② 재경매의 경우 종전에 정한 최저경매가격 기타의 매각조건은 재경매절차에도 적용된다.

05 부_동_산_상_식

최초의 경매, 신경매, 재경매

1. 최초의 경매

경매신청서가 관할 집행법원에 접수되면 법원은 사건번호를 부여하고 경매개시결정을 한다. 그리고 현황조사와 감정평가를 하게 한후에 최저경매가격을 결정하고 경매기일을 지정한다.

이러한 경매절차를 거쳐서 목적부동산에 대하여 최초의 경매기일에 실시하는 경매이다.

2. 신경매

① 경매기일에 경매를 실시하였으나 매수신고인이 없어 유찰된 경우

② 매수신고는 있었으나 경락기일에 이해관계인의 이의신청에 의하여 경락불허가결정을 한 경우

③ 경락기일에 경락허가결정은 했으나 이해관계인이 즉시항고 를 제기하여 그 항고가 이유있다고 인정되므로 원심결정을 취 소하고 경락불허가결정을 한 경우에 실시하는 경매이다.

3. 재경매

경락허가결정이 확정된 후에 경락인이 대금지급기일까지 경락대금을 납부하지 않고 차순위매수신고인도 없는 경우에 실시하는 경매이다.

③ 재경매기일은 공고일로부터 7일 이후로 정해야 한다.

④ 경락인이 재경매기일의 3일전까지 경락대금, 지연이자와 경매절차 비용을 지급한 때에는 재경매절차를 취소해야 한다. 만일 차순위매수신고인이 법원으로부터 경락허가결정을 받았을 경우에는 위금액을 먼저 지급한 경락인이 매매목적물의 권리를 취득한다.

⑤ 재경매의 경우 전경락인(前競落人)은 경매에 참가하지 못하며 매수의 보증으로 보관하게 한 금전이나 유가증권의 반환을 청구하지 못한다. 이 경우 보증금은 배당재단에 편입되어 배당의 대상이 된다.

🏠 소유권이전등기의 촉탁

1. 경락인의 소유권이전등기 촉탁신청

① 경락인은 경락대금을 완납하면 소유권이전등기에 필요한 서류를 법원에 제출하여 등기촉탁을 신청한다.

② 소유권이전등기의 촉탁서류는 다음과 같다.
  1. 주민등록등본 1통
  2. 등록세영수필통지서 및 영수필확인서
  3. 국민주택채권매입필증
  4. 경락허가결정 등본 1통

5. 토지대장. 건축물관리대장 1통

6. 기타 필요서류

2. 법원의 소유권이전등기 촉탁

① 법원은 경락인이 경락대금을 완납하고 소유권이전등기의 촉탁
신청이 있으면 경락허가결정 등본을 첨부하여 다음 각 호의 등
기를 촉탁하여야 한다.

1. 경락인의 소유권이전등기

2. 경락인이 인수하지 않은 부동산 위의 부담의 기입의 말소등기

3. 경매신청등기의 말소등기

② 소유권이전등기의 촉탁은 경락인으로부터 소유권이전등기의
촉탁신청후 2일 이내에 관할등기소에 한다.

③ 소유권이전등기와 말소등기에 관한 비용은 경락인이 부담한다.

④ 법원은 경락인이 경락대금을 완납하고 소유권이전등기의 촉탁
신청이 있으면 배당실시 전이라도 이를 촉탁해야 한다.

3. 경락인의 사망. 그 밖의 경우에 촉탁방법

① 경락인이 경락대금을 완납하기 전에 사망한 경우는 상속인이
경락대금을 납부하고 상속을 증명하는 호적등본이나 제적등본
등의 서류를 첨부하여 소유권이전등기를 촉탁신청한다. 이 경
우 법원은 상속인을 등기권리자로 하여 소유권이전등기를 촉

탁한다.

② 경매신청기입등기 전에 소유권이전등기를 받은 제3취득자가 경락인 이 된 경우는 다음의 등기를 촉탁한다.

　1. 경매신청등기의 말소등기

　2. 경락인이 인수하지 아니한 부동산 위의 부담의 기입의 말소등기

　　경락을 원인으로한 소유권이전등기를 촉탁한다.

　3. 즉 경매신청기입등기 전에 등기한 제3취득자 명의의 소유권이 전등기는 말소하지 않는다.

③ 경매신청기입등기 후에 소유권이전등기를 받은 제3취득자가 경락인이 된 경우는 다음의 등기를 촉탁한다.

　1. 경매신청등기의 말소등기

　2. 경락인이 인수하지 않은 부동산 위의 부담의 기입의 말소등기

　3. 제3취득자 명의의 소유권이전등기의 말소등기

　4. 경락을 원인으로한 소유권이전등기를 촉탁한다.

4. 말소되는 등기와 말소되지 않는 등기

경락인의 경락대금 완납으로 경매신청등기와 경락인이 인수하지 않은 부동산 위의 부담의 기입등기는 말소된다. 그러나 경락인에게 대항할 수 있는 권리의 등기는 말소되지 않는다.

이를 등기 종류별로 살펴보면 다음과 같다.

(1) 경매신청기입등기(경매개시결정기입등기)

경매신청기입등기는 경락대금 완납으로 말소촉탁의 대상이 되어 말소된다.

(2) 저당권

저당권은 경락대금 완납으로 말소된다. 즉 경매신청기입등기보다 후순위인 경우 당연히 말소되며 경매신청기입등기보다 선순위라도 무조건 말소된다.

(3) 지상권. 지역권. 전세권

① 경매신청기입등기 후에 등기된 용익물권(지상권, 지역권, 전세권)은 말소된다.

② 경매신청기입등기 전에 등기된 용익물권이라도 선순위저당권이 있는 경우에는 경락에 의해 말소된다.

③ 경매신청기입등기 전에 등기된 용익물권으로 선순위저당권이 없는 경우에는 경락인에게 대항할 수 있으므로 경락에 의해 말소되지 않는다.

④ 전세권은 경매신청기입등기 전에 등기된 최선순위 전세권일 경우라도 존속기간에 정함이 없거나 경매신청기입등기로부터 6개월 이내에 전세기간이 만료하는 것은 말소된다.

(4) 가압류등기

① 경매신청기입등기 후에 등기된 가압류는 가압류채권자가 경락인에게 대항할 수 없으므로 경락에 의해 말소된다.

② 경매신청기입등기 전에 등기된 가압류는 가압류채권자가 매각대금으로부터 배당을 받을 수 있으므로 그 가압류등기는 말소되는 것이 원칙이다.

③ 경매신청기입등기 전에 등기된 가압류로서 가압류등기 후에 목적부동산의 소유권이 이전되어 현소유자의 채권자가 경매신청을 하여 경락된 경우에는 전소유자에 대한 가압류채권자는 매각대금으로부터 배당을 받을 수 없으므로 그 가압류등기는 말소되지 않는다.

06 부_동_산_상_식

가압류

가압류는 금전 또는 금전으로 환산할 수 있는 청구권을 그대로 두면 장래에 강제집행이 불가능하게 되거나 곤란하게 될 경우에 채권자가 미리 일반담보가 되는 채무자의 재산을 압류하여 현상을 보전하고 그 변경을 금지하여 장래의 강제집행을 보전하는 절차이다.

(5) 가처분등기

① 경매신청기입등기 후에 등기된 가처분은 가처분권자가 경락인에게 대항할 수 없으므로 경락에 의해 말소된다.

② 경매신청기입등기 전에 등기된 가처분이라도 경락에 의하여 말소되는 선순위의 저당권, 가압류등기가 되어있는 경우에는 말소된다.

③ 경매신청기입등기 전에 등기된 가처분으로 경락에 의하여 말소되는 선순위의 저당권 등이 없는 경우에는 경락인에게 대항할 수 있으므로 경락에 의해 말소되지 않는다.

07 부_동_산_상_식

가처분

가처분은 금전채권 이외의 특정의 지급을 목적으로 하는 청구권을 보전하기 위하거나, 또는 쟁의있는 권리관계에 관하여 임시의 지위를 정함을 목적으로 신청인의 신청에 의하여 법원이 결정하는 절차이다.
예를 들면 채권자가 채무자의 부동산에 대하여 제3자에게 양도 등의 처분금지를 시키고 그 보관에 필요한 조치를 취해두는 보전처분이다.

(6) 가등기

① 담보가등기는 경락대금 완납으로 말소된다. 즉 경매신청기입등기보다 후순위인 경우 당연히 말소되며 경매신청기입등기보다 선순위라도 무조건 말소된다.

② 순위보전을 위한 가등기는 경매신청기입등기 후에 등기된 경우 경락인에게 대항할 수 없으므로 경락에 의해 말소된다.

③ 순위보전을 위한 가등기가 경매신청기입등기 전에 등기된 경우라도 경락에 의하여 말소되는 선순위의 저당권, 가압류등기가 되어있는 경우에는 말소된다.

④ 순위보전을 위한 가등기가 경매신청기입등기 전에 등기된 경우에 경락에 의하여 말소되는 선순위의 저당권, 가압류등기가 없는 경우에는 경락에 의해 말소되지 않는다.

08 부_동_산_상_식

가등기

가등기는 본등기의 순위를 보전하는 것을 목적으로 하는 등기이다. 후에 본등기를 할 수 있는 요건이 갖추어져서 본등기를 하게되면 그 본등기의 순위는 가등기의 순위에 의한다.

가등기에는 담보가등기와 순위보전을 위한 가등기가 있다.

담보가등기

1. 담보가등기는 채권담보의 목적으로 경료된 가등기를 말한다.
   (가등기담보등에관한법률 제2조)
2. 담보가등기 권리자는 법률의 규정에 의한 담보권을 실행하거나 목적 부동산의 경매를 청구할 수 있다. 이 경우 경매에 관하여는 담보가등기권리를 저당권으로 본다.

(7) 체납처분에 의한 압류등기

체납처분에 의한 국세나 지방세의 압류등기는 매각대금으로부터

임차인의 대항력

임차인은 주택의 인도와 주민등록을 마친 때에는 그 익일부터 제3자에 대하여 효력이 생긴다. 이 경우 전입신고를 한 때에 주민등록이 된 것으로 본다.(주택임대차보호법 제3조)

임차인의 우선변제권

임차인은 소액의 보증금에 관하여 다른 담보권자 특히 먼저 성립한 담보권자보다 자기 채권의 우선변제를 받을 수 있다.

(주택임대차보호법 제8조)

배당을 받을 수 있으므로 경락대금 완납으로 말소된다. 즉 경매신청 기입등기보다 후순위인 경우 당연히 말소되며 경매신청기입등기보다 선순위라도 말소된다.

(8) 임차권

① 임차권의 효력이 경매신청기입등기 후에 발생하는 경우에는 경락인에게 대항할 수 없으므로 등기된 임차권은 경락에 의해 말소되며 임차주택에 거주하고 있는 임차인은 주택을 경락인에게 명도해 주어야 한다.

② 임차권의 효력이 경매신청기입등기 전에 발생하는 경우라도 경락에 의하여 말소되는 선순위의 저당권, 가압류등기가 되어있는 경우에는 경락인에게 대항할 수 없다. 따라서 등기된 임차권은

경락에 의해 말소되며, 임차주택에 거주하고 있는 임차인은 주택을 경락인에게 명도해 주어야 한다.

③ 임차권의 효력이 경매신청기입등기 전에 발생하는 경우에 경락에 의하여 말소되는 선순위의 저당권, 가압류등기가 없는 경우

10 부_동_산_상_식

임차권등기

임차권등기는 임차권등기명령에 따라 임차권을 등기한 것이다.

임차권 등기명령절차는 임대차 종결 후 보증금을 반환받지 못한 임차인에게 단독으로 임차권등기를 경료할 수 있도록 함으로써 자유롭게 주거를 이전할 수 있는 기회를 보장하기 위한 절차이다.

종래에는 임차인이 임대차가 종료된 후 보증금을 반환받지 못한 상태에서 다른 곳으로 이사가거나 주민등록을 전출하면 임차인이 종래에 가지고 있던 대항력과 우선변제권을 상실하게 되어 보증금을 반환받는 것이 사실상 어렵게 되는 문제점이 있었다.

그래서 1999. 3. 1부터 시행되는 개정 주택임대차보호법이 이와 같은 주택임대차제도의 문제점을 해소하기 위하여 임차권등기명령 절차를 도입하게 되었다.

이와같은 절차의 개선으로 앞으로는 임차인이 근무지 변경 등으로 다른 곳으로 이사할 필요가 있는 경우에 법원에 임차권등기명령 신청을 하고 그에 따라 임차주택에 임차권등기가 경료되면 그 이후부터는 주택의 점유와 주민등록의 요건을 갖추지 아니하더라도 이미 취득하고 있던 대항력과 우선변제권을 상실하지 않기 때문에 임차인은 안심하고 자유롭게 주거를 이전할 수 있게 되었다.

에는 경락인에게 대항할 수 있다. 이 경우 임차권등기를 한 임차인이 경락에 의하여 임차보증금을 전액반환 받을 경우에는 그 임차권등기는 말소되지만 임차권자가 임차보증금을 전액반환 받지 못할 경우에는 임차보증금을 전액반환 받을 때까지 임대차관계의 존속을 주장할 수 있다.

(9) 예고등기

예고등기는 물권변동의 효력이나 권리에 대한 공시를 목적으로 하는 등기가 아니므로 선순위의 저당권이나 가압류등기가 있더라도 경락에 의해 말소되지 않는다.

11 부_동_산_상_식

예고등기

예고등기는 가등기와 함께 예비등기에 속한다. 예고등기는 제3자에게 경고를 줄 목적으로 행하여지므로 특정등기에 대한 소송제기의 사실을 공시하여 경고적 효력을 가질 뿐이고, 처분제한 등의 물권변동의 효력이나 등기원인의 무효 또는 취소의 사유가 존재한다는 추정의 효력을 갖지 않는다.

예고등기는 등기원인의 무효 또는 취소에 의한 등기의 말소 또는 회복의 소가 제기된 경우에 수소법원의 촉탁으로 행하여진다.

예고등기의 말소는 그 소가 원고의 불이익으로 끝나는 경우에는 수소법원이 예고등기의 말소를 등기소에 촉탁하고, 그 소가 원고의 이익으로 끝나는 경우에는 원고승소의 판결 등에 의한 말소 또는 회복의 등기가 행하여진 때에 등기관이 예고등기를 직권으로 말소한다.

부동산인도명령 신청

사건번호
신청인(매수인)
　　ㅇ시　ㅇ구　ㅇ동　ㅇ번지
피신청인(임차인)
　　ㅇ시　ㅇ구　ㅇ동　ㅇ번지

　위 사건에 관하여 매수인은　　　　.　　.　　　. 에 낙찰대금을 완납한 후 채무

자(소유자, 부동산점유자)에게 별지 매수부동산의 인도를 청구하였으나 채무자가

불응하고 있으므로, 귀원 소속 집행관으로 하여금 채무자의 위 부동산에 대한 점

유를 풀고 이를 매수인에게 인도하도록 하는 명령을 발령하여 주시기 바랍니다.

　　　　　　　년　　　　월　　　　　　일

　　　　　매 수 인　　　　　　　　　　　　　　(인)
　　　　　연락처(☎)

　　　지방법원　　　　　　　귀중

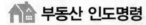 부동산 인도명령

1. 경락인의 인도명령 신청

① 경락인은 경락대금을 완납하면 목적부동산의 소유권을 취득한다. 하지만 채무자나 소유자 또는 압류의 효력이 발생한 후에 점유를 시작한 점유자가 목적부동산의 인도를 거부할 경우 경락인은 집행법원에 인도명령을 신청할 수 있다.

② 경락인의 인도명령 신청은 경락대금을 완납한 후 6개월 내에 집행법원에 제기해야 한다. 만약 경락대금 완납으로부터 6개월을 경과한 후에는 인도 또는 명도소송에 의해야만 한다.

2. 법원의 부동산 인도명령

① 법원은 경락대금을 납부한 후 6개월 내에 경락인의 신청이 있는 때에는 채무자, 소유자 또는 압류의 효력이 발생한 후에 점유를 시작한 부동산 점유자에 대하여 부동산을 경락인에게 인도할 것을 명할 수 있다.

② 법원은 인도명령의 사유가 소명되면 인도명령을 발한다. 만약 인도명령 신청이 부적법하면 신청을 각하하고, 신청이 이유없다고 인정 되면 신청을 기각한다.

③ 채무자, 소유자 이외의 자에 대하여 인도명령을 함에는 그 점유자를 심문해야 한다. 이 경우 심문기일을 정하여 소환장을 송달

하고 심문기일에 점유자가 심문에 응하지 않을 경우에는 진술을 듣지 않고서도 인도명령을 발할 수 있다.

3. 인도명령의 상대방

① 인도명령의 상대방은 채무자, 소유자 또는 압류의 효력이 발생한 후에 점유를 시작한 부동산 점유자이다.

② 유치권자와 같이 압류의 효력이 발생한 후에 점유를 시작한 점유자라도 경락인에게 대항할 수 있는 권원을 가진 점유자는 인도명령의 상대방이 될 수 없다.

12 부_동_산_상_식

유치권

유치권은 타인의 물건이나 유가증권을 점유한 자가 그 물건이나 유가증권에 관하여 생긴 채권이 변제기에 있는 경우에 그 채권을 변제받을 때까지 그 물건이나 유가증권을 유치할 수 있는 권리이다.

유치권자는 채권의 변제를 받을 때까지 목적물의 점유를 계속하면서 인도를 거절할 수 있다. 경락인 등이 목적물을 인도받으려면 유치권자에게 변제해야 한다.

4. 인도명령의 집행과 즉시항고

① 인도명령의 상대방이 인도명령에 응하지 않은 때는 신청인은 집행관에게 위임해 집행관으로 하여금 인도집행을 하도록 한다.

② 인도명령의 신청에 대한 재판에 대하여는 즉시항고 할 수 있다. 상대방이 인도명령에 대해 즉시항고를 제기한 경우에는 집행정지명령을 받아서 이를 집행관에게 제출하여 그 집행을 정지할 수 있다.

배당절차

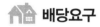

5장

배당요구

1. 배당참가자

　...　배당은 경매절차에서 부동산의 경락대금으로부터 압류채권자, 경매신청기입등기 전에 등기된 저당권자, 경매절차의 이해관계인에게 권리의 우선순위에 따라 매각대금을 나누어 주는 절차이다.

　배당을 받을 수 있는 배당참가자로는 배당요구없이 당연히 배당에 참가할 수 있는 자와 배당요구를 하여야 배당에 참가할 수 있는 자가 있다.

　(1) 배당요구 없이 당연히 배당에 참가할 수 있는 자

　　① 경매신청채권자

　　② 이중경매신청채권자

③ 경매개시결정기입등기 전에 등기된 저당권자

④ 경매개시결정기입등기 전에 등기된 전세권자

⑤ 선순위전세권자로서 존속기간의 정함이 없거나 경매개시결정기
   입 등기 후 6개월 이내에 전세기간이 만료되는 자

⑥ 경매개시결정기입등기 전에 등기된 가압류권자

(2) 배당요구권자

배당요구권자는 집행법원에 경락기일까지 배당요구를 하여야 배
당에 참가할 수 있는 자이다.

- 민법. 상법 기타 법률에 의하여 우선변제청구권이 있는 채권자, 집
  행력있는 정본을 가진 채권자, 경매신청의 등기후에 가압류를 한
  채권자는 경락기일까지 배당요구를 할 수 있다(민사소송법 제605
  조 제1항).

① 민법 · 상법 기타 법률에 의하여 우선변제청구권이 있는 채권자

② 집행력있는 정본을 가진 채권자

③ 경매신청의 등기후에 가압류를 한 채권자

- 세무서장이 국세징수법 제56조에 따라서 경매법원에 대하여 국세
  의 교부를 청구하는 것은 배당요구와 성질이 같은 것이므로 국세
  의 교부청구도 경락기일까지만 할 수 있다.

배 당 요 구 신 청

사건번호

채 권 자

채 무 자

배당요구채권자

    ○시 ○구 ○동 ○번지

배당요구채권

1. 금　　　　　원정

  ○ ○ 법원　　가단(합) ○ ○호　○ ○청구사건의 집행력 있는 판결정본에

  기한 채권 금　　　　　원의 변제금

1. 위 원금에 대한　　년 ○ 월 ○ 일 이후 완제일까지 연 ○ 푼의 지연손해금

신 청 원 인

위 채권자 채무자 간의 귀원　　　타경 ○ ○ 호 부동산강제경매사건에 관하여

채권자는 채무자에 대하여 전기 집행력 있는 정본에 기한 채권을 가지고 있으므

로 위 매각대금에 관하여 배당요구를 합니다.

년　　　월　　　일

위 배당요구채권자　　　　　　　　　(인)

연락처(☎)

지방법원　　　　　　귀중

2. 배당요구의 신청

① 배당요구는 채권의 원인과 수액을 기재한 서면에 의하여 집행법원에 신청한다.

② 배당요구없이 당연히 배당에 참가할 수 있는 자는 별도의 배당요구 신청은 필요없다. 하지만 배당요구를 해야 배당에 참가할 수 있는 배당요구권자는 경락기일까지 배당요구를 신청해야 한다.

③ 배당요구는 그 원인을 명시하고 법원소재지에 주거나 사무소가

13 부_동_산_상_식

채권의 신고

① 집행법원은 경매절차의 이해관계인에게 채무자 또는 소유자에 대하여 가진 채권의 원금. 이자. 비용 기타 부대채권의 내역을 기재한 계산서를 제출할 것을 최고한다. 채권신고 최고기간은 경락기일 전까지로 규정하고 있으나 실무에서는 잉여의 유무를 판단하기 위하여 제출시한을 정하여 최고하고 있다.

② 채권신고의 최고는 경매개시결정일로부터 3일 이내에 하도록 되어 있으며, 실무에서는 통상 경매개시결정과 동시에 하고 있다.

가압류권자의 배당금 공탁

가압류권자는 경매신청등기전에 가압류를 한 채권자이든 경 매신청등기 후에 가압류를 한 채권자이든 모두 그 배당금은 공탁해야 한다. 이는 후에 소송이 끝나야 확정되기 때문이다.

없는 자는 가주소를 선정하여 법원에 신고해야 한다(민사소송법 제605조 제2항).

3. 배당요구의 첨부서류

배당요구권자가 배당요구를 신청할 때에는 권리를 증명할 수 있는 서류를 첨부해야 한다.

① 민법·상법 기타 법률에 의하여 우선변제청구권이 있는 채권자
  - **주택임대차보호법에 의한 주택임차인**
    : 임대차계약서와 주민등록등본

  - **근로기준법에 의한 근로채권자**
    : 회사의 급여명세서나 감독관청의 급여명세확인서

② 집행력있는 정본을 가진 채권자 : 집행력있는 정본

③ 경매신청의 등기후에 가압류를 한 채권자
    : 가압류등기가 된 등기부등본

 배당기일의 지정 및 소환

1. 배당기일의 지정

① 경락인이 경락대금을 지급하면 법원은 배당기일을 정하고 이해관계인과 배당을 요구한 채권자를 소환해야 한다(민사소송법

제654조 의 2).

② 배당기일은 경락대금 납부 후 2주일 이내로 지정한다. 그러나 실무에서는 배당기일소환장을 송달하는 기간을 고려하여 경락대금 납부 후 1개월 전후로 배당기일을 지정한다.

2. 배당기일의 소환

① 집행법원은 배당기일소환장을 송달하므로 배당기일에 경매절차의 이해관계인과 배당요구를 한 채권자를 소환해야 한다.

② 채무자가 외국에 있거나 소재지가 분명하지 않을 때에는 채무자는 소환하지 않는다(민사소송법 제588조 제1항).

③ 대리인이 출석할 때에는 위임장, 인감증명서 기타 자격증명서면을 제출해야 한다.

 배당순위

1. 경매집행비용과 배당금액

배당재단에서 경매집행비용을 공제한 나머지 금액이 배당금액이 된다. 배당재단은 경락대금, 경락인이 대금지급기일까지 경락대금을 납부하지 못해 부담한 지연이자, 항고와 관련하여 공탁한 보증금, 매수신청의 보증금으로 받은 금액을 포함한다(민사소송법 제655조).

(1) 경매집행비용

경매집행비용은 경매신청 시에 강제집행에 필요한 경매비용이다. 경매신청인은 법원보관금취급규칙이 정하는 바에 따라 집행비용을 예납해야 한다. 사건진행중 송달료가 부족하여 추가로 납부하고자 할 때에도 수납은행에 비치되어 있는 송달료납부서에 사건번호와 금액을 기재하여 수납은행에 납부한다.

① 인지대

② 경매신청등기 등록세

③ 등기신청수수료

④ 서류의 송달비용

⑤ 등본수수료

⑥ 집행관의 현황조사비용

⑦ 감정인의 감정평가비용

⑧ 신문공고료

⑨ 경매수수료

(2) 배당금액과 배당순위

① 배당금액은 배당재단에서 경매집행비용을 공제한 나머지 금액으로 한다. 각 채권자는 민법, 상법 기타 법률의 규정에 의한 우선순위에 따라 배당받는다. 그러나 동일순위의 채권자가 다수인 때에는 안분 배당하게 된다.

② 일반적인 배당순위

제 1순위

- 주택임대차보호법상의 소액보증금
- 상가건물임대차보호법상의 소액보증금
- 최종 3개월 분의 임금과 최종3년간의 퇴직금 및 재해보상금

제 2순위

- 당해세

제 3순위

- 저당권, 전세권, 담보가등기에 의하여 담보된 채권
- 대항요건과 확정일자를 갖춘 임차인의 임차보증금
- 당해세를 제외한 국세, 지방세

  단, 저당권 등의 등기설정일과 임차인의 확정일자 요건구비일 및 조세의 법정기일 또는 납세의무성립일 등의 선후를 따져 정한다.

제 4순위

- 근로기준법 제37조 제1항의 임금채권(근로관계로 인한 임금채권)

제 5순위

- 법정기준일이 저당권, 전세권, 질권 설정일보다 늦은 국세, 지방세 등 지방자치단체의 징수금

제 6순위

- 국민건강보험법, 산업재해보상보험법 및 국민연금법에 의한 보험료, 기타 공과금

  단 국민건강보험법 등에 의한 보험료의 납부기한이 저당권 등의 설정등기일보다 선순위일 경우에는 이들 보험료는 저당권 등에 의하여 담보된 채권보다 우선하여 배당받을 수 있다.

제 7순위

- 일반 채권

③ 일반적인 배당순위는 위와 같으나 구체적인 배당순위 및 배당금 액은 배당표 작성이 완료된 후에야 알 수 있다. 배당에 대한 이 의가 있을 경우에는 배당표에 대한 이의신청이나 배당이의의 소 를 제기할 수 있다.

2. 일반적 배당순위

제 1순위

- 주택임대차보호법상의 소액보증금
- 상가건물임대차보호법상의 소액보증금
- 최종 3개월 분의 임금과 최종3년간의 퇴직금 및 재해보상금

(1) 주택임대차보호법상의 소액보증금

경매신청기입등기 이전에 주택의 인도와 주민등록을 마친 소액임 차인은 임대차보증금 중에서 일정한 금액을 최우선하여 변제받을 수 있다.

㉮ 요건

① 경매신청기입등기 이전에 주택의 인도와 주민등록을 마쳐야 한다.

② 주택의 점유와 주민등록은 경락기일까지 계속 유지해야 한다.

③ 우선변제를 받을 임차인 및 보증금 중 일정액의 범위와 기준은 주 택가액의 2분의 1의 범위 내이다.

④ 소액보증금의 범위와 최우선변제금액

선순위 담보물권 설정기준일	지 역	계약금액	우선변제금액
1984. 1. 1일 이전	최우선하여 변제되는 소액보증금 없음		
1984. 1. 1일 ~	서울 광역시	300만원	300만원
1987. 11. 30일 까지	기타지역	200만원	200만원
1987. 12. 1일 ~	서울 광역시	500만원	500만원
1990. 2. 18일 까지	기타지역	400만원	400만원
1990. 2. 19일 ~	서울 광역시	2,000만원	700만원
1995. 10. 18일 까지	기타지역	1,500만원	500만원
1995. 10. 19일 ~	서울 광역시	3,000만원	1,200만원
2001. 9. 14일 까지	기타지역	2,000만원	800만원
2001. 9. 15일 ~ 현재까지	수도권	4,000만원	1,600만원
	광역시	3,500만원	1,400만원
	기타지역	3,000만원	1,200만원

(2) 상가건물임대차보호법상의 소액보증금

경매신청기입등기 이전에 건물의 인도와 사업자등록신청을 한 소액임차인은 임대차보증금 중에서 일정한 금액을 최우선하여 변제받을 수 있다. 최우선변제권 발생시기는 건물의 인도와 사업자등록신청을 한 그 다음날을 기준으로 한다.

㉮ 요건

① 경매신청기입등기 이전에 건물의 인도와 사업자등록신청을 해야 한다.
② 건물의 점유와 사업자등록은 경락기일까지 계속 유지해야 한다.
③ 우선변제를 받을 임차인 및 보증금 중 일정액의 범위와 기준은 임대건물가액의 3분의 1의 범위·내이다.

14 부_동_산_상_식

주택임대차보호법 제3조 제1항

임대차는 그 등기가 없는 경우에도 임차인이 주택의 인도와 주민등록을 마친 때에는 그 익일부터 제3자에 대하여 효력이 생긴다. 이 경우 전입신고를 한 때에 주민등록이 된 것으로 본다.

주택임대차보호법 제8조 제1항

임차인은 보증금중 일정액을 다른 담보물권자보다 우선하여 변제받을 권리가 있다. 이 경우 임차인은 주택에 대한 경매신청의 등기 전에 제3조 제1항의 요건을 갖추어야 한다.

주택임대차보호법 제8조 제3항

주택임대차보호법 제8조 제1항의 규정에 의하여 우선변제를 받을 임차인 및 보증금중 일정액의 범위와 기준은 주택가액(대지의 가액을 포함한다)의 2분의 1의 범위 안에서 대통령령으로 정한다.

④ 소액보증금의 범위와 최우선변제금액

선순위 담보물권 설정기준일	지 역	계약금액	우선변제금액
2002. 11. 1일 이전	최우선하여 변제되는 소액보증금 없음		
2002. 11. 1일 ~ 현재까지	서울 광역시	4,500만원	1,350만원
	수도권 중 과밀억제권역	3,900만원	1,170만원
	광역시(군지역 · 인천제외)	3,000만원	900만원
	기타지역	2,500만원	750만원

(3) 최종 3개월 분의 임금과 최종 3년 간의 퇴직금 및 재해보상금

최종 3개월 분의 임금, 최종 3년 간의 퇴직금, 재해보상금 기타 근로관계로 인한 채권은 저당권, 기타 다른 채권에 우선하여 변제받을 수 있다.

15 부_동_산_상_식

근로기준법 제37조(임금채권 우선변제)

① 임금, 퇴직금, 재해보상금 기타 근로관계로 인한 채권은 사용자의 총재산에 대하여 질권 또는 저당권에 의하여 담보된 채권에 우선하여 변제되어야 한다. 다만, 질권 또는 저당권에 우선하는 조세, 공과금에 대하여는 그러하지 않다.

② 제1항의 규정에 불구하고 다음 각호의 1에 해당하는 채권은 사용자의 총재산에 대하여 질권 또는 저당권에 의하여 담보된 채권, 조세, 공과금 및 다른 채권에 우선하여 변제되어야 한다.

1. 최종 3월분의 임금
2. 최종 3년간의 퇴직금
3. 재해보상금

③ 제2항 제2호의 퇴직금은 계속근로년수 1년에 대하여 30일분의 평균임금으로 계산한 금액으로 한다.

제 2순위

–당해세

당해세는 집행목적물에 부과된 국세 및 지방세와 그 가산금이다.

당해세는 제 1순위인 주택임대차보호법상의 소액보증금 및 상가건

물임대차보호법상의 소액보증금과 최종 3개월 분의 임금, 최종 3년 간의 퇴직금 및 재해보상금 보다는 후순위이지만 다른 채권에 대하여는 우선하여 배당받을 수 있다.

(1) 국세

국세 중에서 토지초과이득세, 상속세, 증여세, 자산재평가세는 당해세 우선의 원칙이 적용된다.

(2) 지방세

① 지방세 중에서 재산세, 자동차세, 종합토지세(당해 부동산에 과세되는 부분), 도시계획세는 당해세 우선의 원칙이 적용된다.

② 취득세, 등록세, 면허세, 농지세 기타 지방세는 당해세 우선의 원칙이 적용되지 않는다.

제3순위

- 저당권, 전세권, 담보가등기에 의하여 담보된 채권
- 대항요건과 확정일자를 갖춘 임차인의 임차보증금
- 당해세를 제외한 국세, 지방세

저당권, 전세권, 담보가등기에 의하여 담보된 채권과 대항요건과 확정일자를 갖춘 임차인의 임차보증금 및 당해세를 제외한 국세, 지방세는 요건성립일의 선후에 따른다.

국세기본법 제35조 제1항(국세의 우선)

국세, 가산금 또는 체납처분비는 다른 공과금 기타의 채권에 우선하여 징수한다.

지방세법 제31조 제1항(지방세의 우선)

지방자치단체의 징수금은 다른 공과금과 기타의 채권에 우선하여 징수한다.

가산금이란?

가산금이라 함은 국세를 납부기한까지 납부하지 아니한 때에 국세징수법에 의하여 고지세액에 가산하여 징수하는 금액과 납부기한 경과 후 일정기한까지 납부하지 아니한 때에 그 금액에 다시 가산하여 징수하는 금액을 말한다(국세기본법 제2조).

즉 이들의 배당순서는 저당권 등의 등기설정일과 임차인의 확정일자 요건구비일 및 조세의 법정기일 또는 납세의무성립일 등의 선후를 따져 정한다.

(1) 저당권, 전세권, 담보가등기에 의하여 담보된 채권

① 저당권의 우선변제권 발생시기는 등기설정일이다.

② 전세권은 전세금을 지급하고 타인의 부동산을 그 용도에 따라 사용·수익하는 용익물권이다. 전세권의 우선변제권 발생시기는 등기설정일이다.

③ 담보가등기는 채권담보의 목적으로 경료된 가등기를 말하며 이

는 저당권과 같이 취급한다.

담보가등기에 의하여 담보된 채권의 우선변제권 발생시기는 가등
기설정일이다.

(2) 대항요건과 확정일자를 갖춘 임차인의 임차보증금

① 임차인이 우선변제권을 행사하려면 대항요건과 확정일자를 갖
   추어야 한다. 즉 주택의 인도와 주민등록을 마쳐야 하며 임대차
   계약서상 확정일자를 갖추어야 한다.

② 상가건물의 경우 건물의 인도와 사업자등록신청을 해야 하며 임
   대차계약서상 확정일자를 받아야 한다. 확정일자는 관할세무서
   장에게 받는다.

③ 주택의 점유와 주민등록은 경락기일까지 계속 유지해야 한다.

④ 상가건물의 경우 건물의 점유와 사업자등록은 경락기일까지 계
   속 유지해야 한다.

⑤ 임차보증금에 대한 우선변제권 발생시기는 임차인의 대항요건
   구비일과 임대차계약서상의 확정일자를 비교하여 늦게 경료된
   날을 기준으로 한다. 즉 임대차계약서상의 확정일자가 주택의
   인도와 주민등록을 마친 다음날보다 먼저 갖춘 경우에는 우선변
   제권 발생시기가 주택의 인도와 주민등록을 마친 다음날을 기준
   으로 한다. 임대차계약서상의 확정일자가 주택의 인도와 주민등
   록을 마친 다음날 보다 늦게 갖춘 경우에는 우선변제권 발생시
   기가 확정일자를 받은 날을 기준으로 한다.

⑥ 임대차 종료후 보증금을 반환받지 못한 임차인이 임차권등기명령 신청에 의하여 임차권등기를 한 경우에는 이미 취득한 대항력과 우선변제권은 유지된다. 따라서 임차권등기명령신청 당시에 대항 요건과 확정일자를 갖춘 임차인의 임차보증금은 우선변제권을 받을 수 있다.

(3) 당해세를 제외한 국세, 지방세

① 당해세를 제외한 국세, 지방세는 저당권, 전세권 등과의 배당관계에서 요건성립일의 선후에 따른다. 즉 이들의 배당순서는 저당권 등의 등기설정일과 임차인의 확정일자 요건구비일 및 조세의 법정 기일 또는 납세의무성립일 등의 선후를 따져 정한다.

② 조세 채권간에는 압류선착주의에 의해 압류가 되어 있는 조세가 다른 조세에 우선한다.

③ 국세의 법정기일(국세기본법 제35조 제1항 제3호)

- 과세표준과 세액의 신고에 의하여 납세의무가 확정되는 국세 (중간예납하는 법인세와 예정신고납부하는 부가가치세를 포함한다)에 있어서 신고한 당해세액에 대하여는 그 신고일

- 과세표준과 세액을 정부가 결정. 경정 또는 수시부과결정하는 경우에 고지한 당해세액에 대하여는 그 납세고지서의 발송일

- 원천징수의무자 또는 납세조합으로부터 징수하는 국세와 인지세에 있어서는 그 납세의무의 확정일

- 제2차 납세의무자(보증인을 포함한다)의 재산에서 국세를 징수하는

경우에는 국세징수법 제12조의 규정에 의한 납부통지서의 발송일

- 양도담보재산에서 국세를 징수하는 경우에는 국세징수법 제13조
  의 규정에 의한 납부통지서의 발송일

- 국세징수법 제24조 제2항의 규정에 의하여 납세자의 재산을 압류
  한 경우에 그 압류와 관련하여 확정된 세액에 대하여는 그 압류등
  기일 또는 등록일

④ 지방세의 법정기일은 지방세법 제31조 제2항 제3호에 규정되어
  있는 바, 국세의 법정기일과 거의 동일한 기준에 의하고 있다.

제 4순위

- 근로기준법 제37조 제1항의 임금채권(근로관계로 인한 임금채권중
  최종 3개월 분의 임금과 최종 3년간의 퇴직금 및 재해보상금을 제
  외한 일반 임금채권)

일반 임금채권은 제 3순위인 저당권 등에 의해 담보된 채권보다는
후순위이다. 하지만 법정기준일이 저당권, 전세권, 질권 설정일보다
늦은 조세 등에 대해서는 선순위이다.

제 5순위

- 법정기준일이 저당권, 전세권, 질권 설정일보다 늦은 국세, 지방세
  등 지방자치단체의 징수금

제 6순위

−국민건강보험법, 산업재해보상보험법 및 국민연금법에 의한 보험
료, 기타 공과금

국민건강보험법, 산업재해보상보험법 및 국민연금법에 의한 보험
료, 기타 조세 이외의 공과금은 국세, 지방세 등 지방자치단체의 징수
금보다는 후순위이지만 일반채권보다는 선순위이다.

단, 국민건강보험법, 산업재해보상보험법, 국민연금법에 의한 보
험료의 납부기한이 저당권, 전세권 등의 설정등기일보다 선순위일 경
우에는 이들 보험료는 저당권 등에 의하여 담보된 채권보다 우선하여
배당받을 수 있다(국민건강보험법 제73조 등).

제 7순위

−일반 채권

집행력있는 정본을 가진 채권자와 경매개시결정등기 후에 가압류
한 채권자 등 일반 채권자는 경락기일까지 배당요구를 한 경우에 선
순위권자에게 배당하고 남은 금액은 배당을 받을 수 있다.

3. 순환배당

순환배당이란 경매부동산이 경락된 경우 권리상호간에 배당순위
가 상호충돌이 발생하는 경우에 배당하는 방법이다. 즉 배당받을 권
리가 순환적으로 우선하는 관계가 성립할 경우에는 1차로 채권액을
기초로 해 평등하게 배당하고 후에 2차로 후순위를 흡수하는 방법으
로 순환배당하게 된다.

[예시 1]

등기상 설정된 권리가 다음과 같고 배당금액이 1,000만 원인 경우에 순환 배당 관계를 살펴보자.

1번-건강보험료(400만 원)

2번-저당권(1,000만 원)

3번-국세(600만 원)

1번은 2번보다 선순위이므로 배당순서가 앞선다.

2번은 1번보다는 후순위지만 3번보다는 선순위로 배당 순서가 앞선다.

3번은 국세우선주의에 의하여 1번보다는 배당순서가 앞선다.

따라서 1번, 2번, 3번은 순환적으로 우선하는 관계가 성립한다. 이 경우에는 우선 각 채권액을 기초로 하여 평등하게 배당한 후에 2차로 후순위를 흡수하는 순환배당에 의해 배당한다.

즉, 1차로 배당금액 1,000만 원을 평등하게 배당한다.

1번-건강보험료의 경우 1,000만 원 400 / 2,000 = 200만 원

2번-저당권은 1,000만 원 1,000 / 2,000 = 500만 원

3번-국세는 1,000만 원 600 / 2,000 = 300만 원이 된다.

2차로 1번은 2번에서 1번 금액을 만족할 때까지 2번 배당금을 흡수하므로 2번에서 200만 원을 흡수배당한다. 따라서 1번은 안분 배당금 200만 원과 흡수배당금 200만 원을 합하여 400만 원이 된다.

다음, 2번은 3번을 흡수하므로 600만 원이 되고 3번에 대한 배당금은 없어진다.

다음, 3번은 1번을 흡수한다. 이 경우 1번은 최초의 안분 금액에서만 3번에게 흡수당하지 2번에서 흡수한 것은 빼앗기지 않는다. 따라서 3번은 1번 중에서 안분 배당한 200만 원을 흡수한다.

결국, 1번은 200만 원, 2번은 600만 원, 3번은 200만 원이 배당된다.

[예시 2]

등기상 설정된 권리가 다음과 같고 배당금액이 2,000만 원인 경우에 순환배당 관계를 살펴보자.

1번-가압류(800만 원)

2번-저당권(2,000만 원)

3번-가압류(1,200만 원)

1번과 2번은 가압류가 저당권보다 먼저 등기되어 있으므로 2번은 1번에 대항할 수 없어 동순위이다.

2번은 3번보다 먼저 등기되어 있고 배당순위에서도 앞서므로 3번보다 우선하여 배당받는다.

3번과 1번은 동일한 채권으로 동순위이다.

따라서 1번, 2번, 3번은 각 채권자의 채권액을 기초로 우선 평등하게 배당한 후에, 2차로 2번을 만족하는 금액까지 3번 배당금을 흡수하여 배당한다.

즉, 1차로 배당금액 2,000만 원을 평등하게 배당한다.

1번-가압류의 경우 2,000만 원 800 / 4,000 = 400만 원

2번-저당권은 2,000만 원 2,000 / 4,000 = 1,000만 원

3번-가압류는 2,000만 원 1,200 / 4,000 = 600만 원이 된다.

다음, 2차로 3번의 배당금은 2번에 흡수되므로 3번은 배당이 없어지고 2번은 3번을 흡수하여 1,600만 원이 배당된다.

결국 1번은 400만 원, 2번은 1,600만 원을 배당받게 된다.

 ## 배당표의 작성

1. 배당표의 작성과 확정

① 법원은 배당기일 3일 전까지 배당표의 원안을 작성하여 채권자, 채무자 및 이해관계인으로 하여금 열람할 수 있도록 법원에 비치해야 한다.

② 법원은 배당기일에 출석한 이해관계인과 배당을 요구한 채권자에게 미리 작성한 배당표 원안을 제시하고 이들을 심문하여 배당표를 확정해야 한다(민사소송법 제656조).

③ 출석한 이해관계인과 배당을 요구한 채권자의 합의가 있는 때에는 이에 의하여 배당표를 작성해야 한다(민사소송법 제657조).

○ ○ 법 원
배 당 표

타경   부동산강제(임의)경매

배 당 할 금 액 ①		금		원
명 세	매 각 대 금	금		원
	이　　　자	금		원
	전 경 락 인 의 경 매 보 증 금	금		원
	항 고 보 증 금	금		원
집 행 비 용 ②		금		원
실 제 배 당 할 금 액 ① - ②		금		원

매 각 부 동 산			
채　　권　　자			
채권금액	원　　　금	원	원	원
	이　　　자	원	원	원
	비　　　용	원	원	원
	계	원	원	원
배 당 순 위			
이　　　유			
배 당 비 율			
배　　당　　액	원	원	원
잔　　여　　액	원	원	원
비 용 비 례 액	원	원	원
공 탁 번 호 (공　탁　일)	금제　　　호 (　.　.　.)	금제　　　호 (　.　.　.)	금제　　　호 (　.　.　.)

판 사   ㉑

④ 배당표에 대하여 이의신청이 있는 때에는 이의있는 부분은 확정 되지 않으며, 이의없는 부분에 한해 배당표가 확정되어 배당을 실시한다(민사소송법 제590조).

⑤ 배당표에는 매각대금, 각 채권자의 채권의 원금, 이자, 비용, 배당의 순위와 배당의 비율을 기재해야 한다(민사소송법 제 657조).

2. 배당할 금액(민사소송법 제655조)

① 경락대금

② 제648조 제4항의 경우에는 대금지급기일부터 대금지급까지의 지 연이자

③ 제642조 제6항의 보증금

④ 제642조 제7항 본문의 보증금중 항고인이 반환을 청구하지 못 하는 금액 또는 제642조 제7항 단서의 규정에 의해 항고인이 지 급한 금액

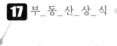

17 부_동_산_상_식

민사소송법 제648조 제4항(재경매)

경락인이 재경매기일의 3일 이전까지 대금, 지연이자와 절차 비용을 지 급한 때에는 재경매절차를 취소해야 한다.

⑤ 제648조 제5항의 보증금

⑥ 부동산이 일괄경매된 경우에 각 부동산의 대금액을 특정할 필요가 있는 때에는 그 각 대금액은 총 대금액을 각 부동산의 최저경매가격 비율에 의하여 안분한 금액으로 한다. 각 부동산이 부담

18 부_동_산_상_식

민사소송법 제642조 제4항(경락허부에 대한 항고)

채무자나 소유자 또는 경락인이 경락허가결정에 대하여 항고를 할 때에는 보증으로 경락대금의 10분의 1에 해당하는 현금 또는 법원이 인정한 유가증권을 공탁하여야 한다.

민사소송법 제642조 제6항(경락허부에 대한 항고)

채무자 또는 소유자가 한 제4항의 항고가 기각된 때에는 항고인은 보증으로 제공한 금전이나 유가증권의 반환을 청구하지 못한다.

민사소송법 제642조 제7항(경락허부에 대한 항고)

경락인이 한 제4항의 항고가 기각된 때에는 항고인은 보증으로 제공한 금전이나 유가증권의 환가금액 중 항고를 한 날로부터 항고기각결정이 확정된 날까지의 경락대금에 대한 대통 령령이 정하는 이율에 의한 금액(그 금액이 보증으로 제공한 금전이나 유가증권의 환가금액을 초과하는 경우에는 보증으로 제공한 금전이나 유가증권의 환가금액으로 한다)에 대하여는 반환을 청구하지 못한다. 다만, 보증으로 제공한 유가증권이 환가되기 전에 위의 금액을 항고인이 지급한 경우에는 그 유가증권의 반환을 청구할 수 있다.

민사소송법 제648조 제5항(재경매)

재경매에는 전경락인은 경매에 참가하지 못하며 매수의 보증으로 보관하게 한 금전이나 유가증권의 반환을 청구하지 못한다.

할 집행비용액을 특정할 필요가 있는 때에도 같다.

⑦ 매수신청의 보증금으로 받은 금액은 경락대금에 산입한다.

 배당표에 대한 이의신청

1. 배당표의 대한 이의

① 배당기일에 출석한 각 채권자는 다른 채권자의 채권과 순위에 대하여 이의를 신청할 수 있다. 또한 배당기일에 출석한 채무자도 각 채권자의 채권 또는 그 채권의 순위에 대해 이의를 신청할 수 있다.

② 배당표에 대한 이의신청은 배당기일에 출석해 구술에 의해 진술해야 하며 서면에 의한 진술은 인정되지 않는다.

③ 채권자가 이의신청을 하는 경우는 자기의 배당금액이 증가하는 경우에 한해 인정된다.

④ 이의신청이 있으면 관련되는 채권자와 채무자는 제기된 이의에

대해 반대진술을 해야 한다.

⑤ 배당기일에 출석하지 아니한 채권자는 배당표의 실시에 동의한 것으로 간주한다.

20 부_동_산_상_식

민사소송법 제659조(배당표에 대한 이의)

① 기일에 출석한 채무자는 각 채권자의 채권 또는 그 채권의 순위에 대하여 이의를 신청할 수 있다.
② 출석한 각 채권자는 자기의 이해에 관하여 다른 채권자에 대해 제1항의 이의를 신청할 수 있다.
③ 집행할 수 있는 채권에 대한 채권자의 이의는 제505조, 제507조와 제508조의 규정에 의하여 완결한다.

2. 이의신청에 대한 처리

① 법원은 배당표에 대한 이의가 정당하다고 인정하면 작성된 배당표를 경정하여 배당을 실시해야 한다.

② 이해관계인이 작성된 배당표와 다른 방법으로 배당하는데 합의한 경우에도 배당표를 경정하여 배당을 실시해야 한다.

③ 이의신청이 완결되지 않은 경우에는 이의있는 채권의 배당액은 공탁하고, 이의가 없는 부분에 대해서는 분리해 배당을 실시한다.

배당이의(配當異議)의 소

1. 배당이의 소(訴)의 제기

① 배당이의의 소를 제기할 수 있는 자는 배당기일에 출석해 배당표에 대해 이의신청을 한 채권자 또는 채무자이다. 따라서 이의신 청을 하지않은 자는 배당이의의 소를 제기할 수 없다.

② 채권자가 이의신청을 한 경우는 자기의 배당금액이 증가하는 경우에 한해 소를 제기해야 한다.

③ 채무자가 이의신청을 한 경우 집행력있는 정본을 가진 채권자에 대해서는 청구에 관한 이의의 소를 제기해야 한다.

④ 배당이의의 소는 배당기일로부터 7일 이내에 제기해야 한다.

2. 배당이의 소(訴)의 관할법원

① 배당이의의 소는 배당법원 즉 집행법원이 관할한다.

② 소송물의 가액(3,000만 원 기준)이 단독판사의 관할에 속하지 않을 경우에는 배당법원의 소재지를 관할하는 합의부가 이를 관할한다.

③ 소를 제기한 원고가 최초의 변론기일에 출석하지 않았을 때는 소를 취하한 것으로 본다.

④ 원고의 청구내용이 전부 또는 일부가 이유있는 경우 그 한도에

서 배당법원에 대해 배당표의 재작성과 그에 따른 새로운 배당 절차를 실시하도록 한다.

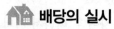 배당의 실시

1. 배당을 실시하는 경우

① 배당기일에 출석한 채권자 및 채무자로부터 이의신청이 없는 경우에는 배당표대로 배당을 실시한다.

② 배당기일에 불출석함으로서 배당표에 의한 배당실시에 동의한 것으로 보게되는 경우에도 배당표대로 배당을 실시한다.

③ 이해관계인의 이의신청이 있었으나 이의신청인이 이의를 철회한 경우에도 원래의 배당표대로 배당을 실시한다.

④ 이해관계인의 이의신청이 있는 경우 그 이의가 정당하다고 인정하거나 다른 방법으로 합의가 이루어진 경우에는 이에 의해 배당표를 경정하여 배당을 실시한다.

⑤ 배당이의의 소가 취하, 각하 또는 기각된 경우에는 원래의 배당표대로 배당을 실시한다.

⑥ 배당이의의 소가 전부 또는 일부 인용의 판결이 확정되었음이 증명된 경우에는 판결내용에 따라 배당을 실시한다.

2. 배당금의 지급

(1) 채권액을 전부 배당받는 경우

관할법원은 채권자가 채권액을 전부 배당받는 경우에는 채권자가 소지하고 있는 집행력있는 정본 또는 채권증서를 제출받고 동시에 채권자가 수령할 배당금에 대한 수령권자임을 증명하는 증명서를 교부한다. 채권자는 이 증명서를 법원공탁소에 제출하고 배당금을 수령한다.

채권자로부터 제출받은 집행력있는 정본 또는 채권증서는 채무자에게 교부하고 채무자로부터 그에 대한 영수증서를 받아서 기록에 편철한다.

(2) 채권액을 일부 배당받는 경우

관할법원은 채권자가 채권액의 일부만을 배당받는 경우에는 채권자가 소지하고 있는 집행력있는 정본 또는 채권증서를 제출하게 하여 그 여백 또는 이면에 배당금액을 기입하고 날인하여 채권자에게 반환하고 채권자로부터 이에 대한 영수증서를 제출받는다. 동시에 채권자가 수령할 배당금에 대한 수령권자임을 증명하는 증명서를 교부한다. 채권자는 이 증명서를 법원공탁소에 제출하고 배당금을 수령한다.

채권자로부터 제출받은 영수증서는 채무자에게 교부하고 채무자로부터 그에 대한 영수증서를 받아서 기록에 편철한다.

3. 배당금의 공탁

배당금의 공탁은 배당기일로부터 10일 이내에 배당받을 자별로 공탁서를 작성하여 공탁공무원에게 공탁한다. 다음의 경우에는 배당금을 공탁한다.

(1) 배당기일에 출석하지 않은 채권자에 대한 배당금

배당기일에 출석하지 않은 채권자의 배당금은 공탁한다. 다만 출석하지 않은 채권자가 자신의 예금계좌를 신고하고 이 예금계좌로 입금신청을 한 때에는 공탁에 갈음하여 배당금을 신고된 예금계좌로 입금시킬 수 있다.

(2) 정지조건이 있는 채권에 대한 배당금

정지조건이 있는 채권에 대한 배당금은 공탁하고, 후에 조건이 성취되면 공탁한 배당금을 채권자에게 지급하고, 조건의 불성취가 확정되면 재배당하게 된다.

예컨대, 주택임차인의 임차보증금이나 전세권자의 전세보증금은 임차주택의 인도를 조건으로 하여 배당금을 공탁하고 임차주택의 인도를 증명한 때에 배당금을 지급한다. 통상 임차주택의 인도는 명도확인서로서 증명한다.

(3) 미확정된 채권에 대한 배당금

① 집행력있는 정본에 의하지 아니하고 배당요구를 한 채권에 대하여 채무자가 이를 인낙하지 아니한 경우에는 채권자는 채권확정

의 소를 제기하여 그 채권을 확정하여야 배당받을 수 있다. 따라서 그때까지 채권자의 배당금은 공탁하고 후에 채권확정의 소에서 채권의 존재가 확정되면 채권자에게 배당금을 지급한다. 채권의 부존재가 확정되면 이를 다른 채권자에게 추가배당한다.

② 가압류중인 미확정 채권은 본안소송에 따라 채권의 존재 및 금액이 확정되어야 배당받을 수 있다. 따라서 그 때까지는 가압류채권자의 미확정채권에 대한 배당금은 공탁한다.

(4) 배당이의의 소가 계류중인 채권에 대한 배당금

배당이의의 소가 계류중인 채권에 대한 배당금은 소의 판결이 확정될 때 까지는 공탁한다. 후에 소의 판결이 확정된 때에는 판결내용대로 배당하고, 소를 취하한 경우에는 원래의 배당표대로 배당한다.

(5) 집행력있는 정본을 가진 채권자에 대하여 집행정지 서류가 제출된 경우의 배당금

집행력있는 정본을 가진 채권자에 대하여 집행정지 서류가 제출된 경우에는 당해 채권자의 배당금은 공탁한다. 후에 본안소송에서 집행정지를 받은 채권자가 승소하면 그에게 배당금을 지급하고, 집행불허가의 확정판결을 받으면 당해 채권자의 배당금은 다른 채권자에게 추가배당한다.

(6) 공탁된 배당금의 추가배당 실시

공탁된 배당금을 당해 채권자에게 배당할 수 없게되어 다른 이해관계인에게 추가배당을 해야 할 경우에는 법원은 공탁된 배당금에 대하여 배당표를 작성해야 한다. 이 배당표는 배당기일의 3일 전에 법원에 비치하여 이해관계인의 열람에 제공하고 배당기일에 이해관계인을 소환하여 배당을 실시한다. 추가배당을 하여 잔여금이 있는 경우에는 이를 채무자에게 지급한다.

이중경매, 기타 **경매실무**

 이중경매

1. 이중경매의 의의(意義)

... 강제경매 또는 담보권의 실행을 위한 경매절차의 개시결정을 한 부동산에 대하여 다른 채권자의 경매신청이 있을 경우에 법원이 다시 경매절차의 개시결정을 하는 것을 이중경매라고 한다.

이중경매는 한 부동산에 대한 중복사건으로 후행 경매신청사건은 선행사건의 담당부서로 배당하여 먼저 경매개시결정을 한 집행절차에 따라서 경매를 진행한다.

2. 이중경매의 요건

민사소송법 제604조(압류의 경합)

① 강제경매 또는 담보권의 실행을 위한 경매절차의 개시를 결정한 부동산에 대하여 다른 강제경매의 신청이 있는 때에는 법원은 다시 경매절차의 개시결정을 하고 먼저 개시결정한 집행절차에 따라 경매한다.

② 먼저 개시결정한 경매신청이 취하되거나 그 절차가 취소 또는 정지된 때에는 법원은 제608조 제1항의 우선권을 해하지 아니하는 한도 안에서 뒤의 강제경매개시결정에 의하여 절차를 속행해야 한다.

(1) 선행 경매개시결정이 있어야 한다.

동일한 부동산에 대해 이미 강제경매 또는 담보권의 실행을 위한 경매절차의 개시결정을 한 부동산에 대해 다시 다른 채권자의 경매신청이 있어야 한다. 선행사건의 경매개시결정 효력발생 여부는 불문한다.

(2) 경매대상 부동산이 동일한 채무자의 소유여야 한다.

이중경매가 되기 위해서는 대상 부동산이 동일한 채무자의 소유여야 한다. 따라서 선행의 경매개시결정 후에 부동산의 소유자가 바뀌고 새로운 소유자의 채권자가 동일한 부동산에 대하여 경매신청을 한 경우에는 이중경매가 아니다.

(3) 후행 경매신청 채권자는 경락대금 완납시까지 경매신청을 해야

한다.

선행의 경매개시결정에 의해 경매절차가 진행되고 최고가입찰자가 정하여지면 경락기일에 낙찰허부가 결정된다. 낙찰허부가 결정되면 경락잔금일이 정해지고 경락자는 잔금일에 경락대금을 완납하면 소유권을 취득한다. 따라서 당해 부동산의 소유권이 채무자로부터 경락인에게 이전될 때까지 다른 채권자의 이중경매신청이 가능하다고 본다.

3. 이중경매개시결정의 통지

법원은 이중경매신청이 있으면 선행 경매개시결정한 사건에 사건기록을 첨부한다. 이중경매개시결정은 채무자에게 송달하고, 이중경매신청을 한 채권자에게도 고지의 방법으로 그 정본을 송달한다. 그러나 채권자에게는 송달이 아닌 다른 적당한 방법으로 고지하여도 무방하다.

또한 이해관계인인 선행 경매신청의 채권자와 집행력있는 정본에 의한 배당요구채권자에게도 이중경매개시결정 사실을 통지한다.

4. 이중경매개시결정의 효력

① 이중경매개시결정은 그 결정이 채무자에게 송달된 때 또는 경매신청의 기입등기가 된 때에 압류의 효력이 발생한다. 압류의 효력은 경매개시결정이 채무자에게 송달된 시기와 경매신청등기가 된 시기 중에서 먼저된 시기에 경매개시결정의 효력이 발생한다.

② 따라서 이중경매신청 채권자도 압류의 효력이 생기면 배당에 참가할 수 있다. 그러나 이중경매신청 채권자가 배당에 참가하려면 선행 경매사건의 경락기일 전에 경매신청을 해야 한다. 이중경매신청 채권자가 경락기일 이후에 경매신청을 한 경우에는 선행 경매절차에 따른 배당에는 참가할 수 없다. 다만, 선행 경매사건이 경락확정 후 경락대금 납부를 하지않고 취하되거나 취소된 경우에 경매절차를 속행할 뿐이다.

③ 이중경매개시결정된 사건의 경매절차의 진행은 선행 경매개시결정된 사건의 집행절차에 따라서 진행된다.

④ 선행 경매사건의 경매신청이 취하되거나 그 절차가 취소 또는 정지된 때에는 법원은 제608조 제1항의 우선권을 해하지 아니하는 한도 안에서 후행 경매개시결정에 의하여 절차를 속행해야 한다.

🏠 공동경매. 참가압류

1. 공동경매

(1) 공동경매의 의의(意義)

동일한 채무자에 대하여 수인의 채권자들이 채무자의 동일부동산에 대해 공동으로 경매신청인이 되어 경매신청을 하는 경우와 수인의 채권자들이 각각 경매신청을 하였는데 법원이 이들 경매신청을 병합하여 하나의 경매개시결정을 하는 것을 공동경매라고 한다.

(2) 공동경매의 절차

공동경매의 경매절차는 단독으로 경매신청한 경우에 준해서 진행한다. 단 경매신청자중 한 채권자에 대한 집행정지나 취소 또는 취하는 다른 채권자에게 아무런 영향을 미치지 않는다. 또한 각 채권자는 독립하여 경매에 대한 권리를 가진다.

2. 참가압류

참가압류란 세무서장이 압류하고자 하는 재산이 이미 다른 기관에서 압류하고 있는 재산인 경우에 교부청구에 갈음하여 참가압류통지서를 그 재산을 이미 압류한 기관에 송달함으로써 그 압류에 참가하는 것을 말한다.

세무서장은 참가압류를 하는 때에는 그 뜻을 체납자와 그 재산에 대하여 권리를 가진 제3자에게 통지해야 한다.

또한 세무서장은 참가압류하고자 하는 재산이 권리의 변동에 있어서 등기 또는 등록을 요하는 것일 때에는 참가압류의 등기 또는 등록을 관계관서에 촉탁해야 한다(국세징수법 제57조).

세무서장으로부터 참가압류가 있는 경우 법원은 이에 대하여 압류에 의한 국세, 지방세의 배당순위와 마찬가지로 배당을 해 주어야 한다.

개별경매와 일괄경매

1. 개별경매

(1) 개별경매의 의의(意義)

개별경매란 경매하는 부동산마다 개별적으로 최저입찰가격을 정해 경매를 진행하는 것을 말한다. 여러 개의 부동산을 동시에 입찰하는 경우에도 부동산마다 최저입찰가격을 정하여 입찰을 진행하는 것을 개별경매(분할경매)라고 한다.

이에 대해 여러 개의 부동산을 묶어서 하나의 최저입찰가격을 정하여 경매를 진행하는 것을 일괄경매라고 한다.

개별경매는 입찰자가 입찰하고자 하는 물건마다 별도의 입찰표를 작성해야 하며 입찰표에는 물건번호를 기재해야 한다.

(2) 개별경매를 하는 경우

① 여러 개의 부동산을 경매신청하는 경우에 그 중 하나의 부동산 매각 대금으로 경매집행비용과 경매신청채권자에 우선하는 채권자들의 채권을 변제하고 잉여가 있는 경우, 다른 부동산에 대한 경매를 허용하지 않고 대상 부동산만 개별경매한다. 이 경우에 채무자는 매각대상 부동산을 지정할 수 있다.

② 개별경매를 할 경우에 일괄경매를 하는 것보다 고가로 매각이 될 수 있다고 예상되는 경우에는 개별경매한다.

2. 일괄경매

(1) 일괄경매의 의의(意義)

일괄경매란 여러 개의 부동산을 묶어서 하나의 최저입찰가격을 정해 경매를 진행하는 것을 말한다. 여러 개의 부동산이 위치나 형태, 이용관계 등을 고려해 동일인에게 일괄매수시킴이 상당하다고 인정될 때에는 일괄입찰한다. 매각대상 부동산의 소유자가 각기 다른 경우에도 일괄경매를 할 수 있다.

(2) 일괄경매를 하는 경우

① 토지와 건물을 같이 경매하는 경우, 일반적으로 일괄경매한다.

② 공장저당법에 의한 저당권의 실행으로 경매가 이루어지는 경우에 공장저당 물건인 토지 또는 건물과 그에 설치된 기계, 기구 기타 공장의 공용물과는 유기적인 일체성이 있으므로 일괄경매한다.

③ 일괄경매를 할 경우에 개별경매를 하는 것보다 현저히 고가로 매각될 수 있다고 예상되는 경우에는 일괄경매한다.

④ 이해관계인 전원의 합의에 의하여 일괄경매신청이 있는 경우에는 법원은 이를 존중하여 일괄경매함이 타당하다. 그러나 일괄경매 여부의 결정은 법원의 자유재량에 속한다.

(3) 일괄경매의 방법

① 여러 부동산을 일괄경매 할 때 각 부동산별로 소유자가 다르거나 배당받을 채권자가 달라서 부동산별로 집행비용이나 매각대금을 별도로 정할 필요가 있는 경우, 각 부동산별로 최저경매가격을 정하고 또한 이를 합해 일괄하여 최저경매가격을 정한다.

② 일괄경매를 하는 경우에는 경매기일공고에 일괄경매를 한다는 취지를 기재해야 한다.

③ 여러 개의 부동산을 일괄하여 경매하는 경우에 그 중 일부에 대해 경락불허가 사유가 있다면 그 전부를 불허가해야 한다.

🏠 매각조건

1. 매각조건의 의의(意義)

매각조건이란 법원이 부동산을 매각해 그 소유권을 경락인에게 이전시킬 때 필요한 조건을 말한다.

일반매매에서는 계약자유의 원칙에 의해 매매 당사자가 자유롭게 매매조건을 정할 수 있으나 법원경매에서는 이러한 계약자유의 원칙이 적용되지 않는다.

경매도 일종의 매매임에는 틀림이 없으나 이는 소유자의 의사에 반해 채권자의 신청에 의해 법원에서 강제적으로 매각이 되고 또한 최저경매가격이 정해지는 등 일반매매와는 다른 매각조건이 있다.

이에는 법정매각조건과 특별매각조건이 있다.

2. 법정매각조건

법정매각조건이란 부동산 매각과 관련하여 경매절차에서 지켜야 할 조건을 미리 정해 놓은 조건을 말한다. 법정매각조건의 내용으로는 다음과 같은 것이 있다.

① 압류채권자의 채권에 우선하는 채권을 변제하고 잉여가 없을 경우에는 매각하지 못한다.

② 법원은 최저경매가격을 정하여 그 이하의 가격으로는 매각하지 못한다.

③ 매수신고인은 최저경매가격의 10분의 1에 해당하는 현금 또는 유가증권을 집행관에게 보관시켜야 한다.

④ 농지를 취득하고자 하는 매수인은 농지의 소재지를 관할하는 시장, 구청장, 읍장, 면장으로부터 농지취득자격증명을 발급받아야 한다.

⑤ 경락인은 대금지급기일에 경락대금을 지급해야 한다.

⑥ 경락인은 대금을 완납한 때에 부동산의 소유권을 취득한다.

⑦ 경락대금의 완납이 있는 경우에는 법원은 경락허가결정의 등본을 첨부하여 경락인의 소유권이전등기, 경락인이 인수하지 않은 부동산위의 부담의 기입의 말소등기, 경매신청등기의 말소등기를 촉탁해야 한다. 단 그 비용은 경락인이 부담한다.

⑧ 법원은 대금을 납부한 후 6개월 내에 경락인의 신청이 있는 때에는 채무자, 소유자 또는 압류의 효력이 발생한 후에 점유를 시작한 부동산 점유자에 대해 부동산을 경락인에게 인도할 것을 명할 수 있다.

3. 특별매각조건

경매절차에서 법원의 직권 또는 이해관계인의 합의에 의해 매각조건을 변경할 수 있는 경우에 이와같이 변경된 매각조건을 특별매각조건이라 한다.

집행관은 경매기일에 특별매각조건이 있는 때에는 이를 고지하고 매수가격신고를 최고해야 한다. 또한 경락허가결정에는 경매한 부동산, 경락인과 경매가격을 기재하고 특별매각조건으로 경락한 때는 그 조건을 기재해야 한다.

 경매신청의 취하

1. 경매신청 취하의 의의(意義)

경매신청의 취하란 경매신청인이 경매신청한 부동산에 대한 경매진행을 철회하겠다는 의사표시이다. 이는 채무자가 경매신청인에 대한 피담보채권을 변제하거나 피담보채권에 대한 변제기를 유예하는 합의가 이루어질 때 채권자인 경매신청인이 취하하는 것으로 경락인이 경락대금을 완납하기 전까지 할 수 있다.

2. 취하의 시기

① 입찰기일에 매수인의 매수신고가 있기 전에는 다른 채권자의 동의를 받지 않고 임의로 경매신청을 취하할 수 있다.

② 입찰기일에 매수인의 매수신고가 있은 후에는 최고가입찰자의 동의를 받아야 한다. 차순위 매수신고가 있는 경우에는 차순위 매수신고인의 동의도 받아야 한다. 만약 이들의 동의를 받지 않고 취하서가 제출된 경우에는 취하의 효력이 없다.

③ 최고가 매수신고인 또는 차순위 매수신고인이 경매신청의 취하에 동의를 하지않을 경우에는 피담보채권을 변제한 채무자나 소유자 등이 피담보채권의 부존재나 저당권의 소멸을 이유로 집행법원에 경매개시결정에 대한 이의신청을 해 경매개시결정을 취소하도록 한다.

④ 경락인이 경락대금을 완납한 후에는 경매신청을 취하할 수 없다. 따라서 취하서가 제출되어도 취하의 효력은 발생하지 않는다.

3. 취하의 효력

① 경매신청인의 취하가 있으면 그 사건은 종결의 효력이 발생한다. 따라서 집행법원은 직권으로 경매신청기입등기의 말소를 촉탁해야 한다.

② 여러 개의 부동산을 대상으로 한 경매신청중 일부의 부동산에

경 매 취 하 서

사건번호   타경   호

채 권 자

채 무 자

위 사건의 채권자는 채무자로부터 채권전액을 변제(또는 합의가 되었으므로)받았으므로 별지목록기재 부동산에 대한 경매신청을 취하합니다.

첨 부 서 류

1. 취하서부본(소유자와 같은 수)   1통
1. 등록세 영수필확인서(경매기입등기말소등기용)   1통

년   월   일

          채권자   (인)

          연락처(☎)

     지방법원   귀중

     (최고가 매수신고인 또는 낙찰인의 동의를 표시하는 경우)

위 경매신청취하에 동의함.

년   월   일

     위 동의자(최고가 매수신고인 또는 낙찰인)   (인)

          연락처(☎)

대해서만 취하서를 제출한 경우에는 그 부동산에 대한 경매신청기입등기만 말소를 촉탁해야 한다.

③ 경매신청을 취하하면 이를 다시 철회할 수는 없다. 왜냐하면 경매 신청의 취하로 그 사건은 종결되기 때문이다.

🏠 경매절차의 정지, 취소

1. 정지, 취소의 의의(意義)

경매절차의 정지란 이미 실행된 경매절차의 효력은 그대로 인정하고 장래의 절차에 대해서만 일시적으로 경매절차의 효력을 정지시키는 행위이다.

경매절차의 취소란 이미 실행된 경매절차의 효력을 소급해 상실시키는 행위이다. 경매절차가 취소되면 집행법원은 채권자 등에게 고지를 해야한다. 이에 대해 항고기간인 1주일이 경과되면 취소결정은 확정된다. 경매절차의 취소가 확정되면 집행법원은 등기공무원에게 경매절차의 취소결정을 등기원인으로 하여 경매신청기입등기의 말소를 촉탁해야 한다.

입찰을 실시한 후에 경매절차의 정지나 취소를 구하는 경우에는 최고가 매수신고인 또는 차순위 매수신고인의 동의가 있어야 한다.

2. 강제집행의 정지, 제한과 취소

(1) 집행의 필요적 정지, 제한(민사소송법 제510조)

강제집행은 다음 서류를 제출한 경우에는 정지하거나 제한해야
한다.

① 집행할 판결 또는 그 가집행을 취소하는 취지나 강제집행을 허
　가 하지 않거나 그 정지를 명하는 취지 또는 집행처분의 취소를
　명한 취지를 기재한 집행력있는 재판의 정본
② 강제집행의 일시정지를 명한 취지를 기재한 재판의 정본
③ 집행을 면하기 위해 담보를 제공한 증명서류
④ 집행할 판결후에 채권자가 변제를 받았거나 의무이행의 유예를
　승낙한 취지를 기재한 증서
⑤ 집행할 판결 기타의 재판이 소의 취하 기타의 사유에 의해 실효
　되었음을 증명하는 조서등본 기타 법원사무관등 작성의 증서
⑥ 강제집행을 하지않는다는 취지 또는 강제집행의 신청이나 위임
　을 취하한다는 취지를 기재한 화해조서의 정본 또는 공정증서의
　정본

(2) 집행처분의 취소, 일시유지(민사소송법 제511조)
① 제510조 제1호, 제3호, 제5호와 제6호의 경우에는 이미 실시한
　집행처분을 취소하여야 하며 제2호와 제4호의 경우에는 이미
　실시한 집행처분을 일시유지해야 한다.
② 제1항에 의하여 집행처분을 취소하는 경우에는 제504조의 2의
　규정을 적용하지 아니한다.

3. 임의경매절차의 정지(민사소송법 제726조)

① 다음의 문서가 경매법원에 제출되면 경매절차를 정지해야 한다.

  1. 담보권의 등기가 말소된 등기부의 등본

  2. 담보권 등기의 말소를 명한 확정판결의 정본

  3. 담보권이 없거나 소멸되었다는 취지의 확정판결의 정본

  4. 채권자가 담보권의 실행을 하지 않기로 하거나 경매신청을 취하 하겠다는 취지 또는 피담보채권의 변제를 받았거나 그 변제 의 유예를 승낙한 취지를 기재한 서류

  5. 담보권 실행의 일시정지를 명한 재판의 정본

② 제1항 제1호 내지 제3호의 경우와 제4호의 사유가 화해조서의 정본 또는 공정증서의 정본인 경우에는 경매법원은 이미 실시한 경매절차를 취소해야 한다. 제5호의 경우에는 그 재판에 의하여 경매절차를 취소하지 않은 때에 한하여 이미 실시한 경매절차를 일시유지하게 해야 한다.

③ 제2항의 취소결정에 대해서는 즉시항고를 할 수 있다.

4. 부동산의 멸실 등에 의한 경매취소(민사소송법 제613조)

① 부동산의 멸실 기타 매각으로 인하여 권리의 이전을 불가능하게 하는 사정이 명백하게된 때에는 법원은 강제경매의 절차를 취소 해야 한다.

② 제1항의 취소결정에 대하여는 즉시항고를 할 수 있다.

5. 잉여의 가망이 없을 경우의 경매취소(민사소송법 제616조)

① 법원은 최저경매가격으로 압류채권자의 채권에 우선하는 부동산의 모든 부담과 절차비용을 변제하면 잉여가 없다고 인정한 때에는 압류채권자에게 이를 통지해야 한다.

② 제1항의 통지를 받은 날로부터 7일 내에 압류채권자가 제1항의 부담과 비용을 변제하고 잉여있는 가격을 정하여 그 가격에 응하는 매수신고가 없는 때에는 그 가격으로 매수할 것을 신청하고 충분한 보증을 제공하지 않으면 경매절차를 취소해야 한다.

③ 제2항의 취소결정에 대하여는 즉시항고를 할 수 있다.

부동산 **권리분석**

장

 권리분석의 필요성

1. 권리분석의 의의(意義)

...**부동산** 권리분석이란 대상부동산에 대한 권리관계의 상태와 양상을 실질적으로 조사, 확인, 판단하여 일련의 부동산거래를 안전하게 하려는 부동산활동의 하나이다.

부동산거래활동에서는 먼저 부동산 권리관계의 하자유무에 대한 판단이 요구되며 이를 위한 것이 부동산 권리분석활동인 바, 특히 부동산경매에서 부동산거래사고를 미연에 방지하고 안전하게 부동산을 취득하려는 입찰자에게 있어 권리분석은 매우 중요하다.

2. 권리분석의 필요성

부동산에는 부동산사법외에 부동산공법상의 규제가 많이 있기 때문에 이러한 것을 잘 모르고 부동산경매에 참가했다가 불의의 손해를 보는 경우가 있다. 최근 부동산경매가 일반매매보다 저렴한 가격으로 부동산을 취득할 수 있다는 인식이 확산되면서 부동산경매에 관심이 있는 입찰자들이 부동산상에 있는 권리분석을 제대로 하지않아 손해를 보고 낙찰을 포기하는 경우가 종종 있다.

주택의 경우 주택임대차보호법이 적용되기 때문에 최초의 저당권 설정보다 앞선 선순위임차인이 있을 경우 그 보증금을 물어주어야 하므로, 잘못 입찰에 참가하면 일반 매매시세보다 더 비싼 가격을 지불하여야 하거나 입찰보증금을 포기하는 경우가 있다.

상가건물의 경우에도 상가임대차보호법이 제정되어 일정부분 임차인을 보호하기 때문에 선순위임차인의 대항력 여부를 분석해야 한다. 임야의 경우 공부상의 면적과 실제면적이 일치하는지 여부, 개발이 목적일 경우 개발이 가능한지 여부를 파악해야 하며, 임야대장과 임야도 그리고 토지이용계획확인원과 등기부등본 등을 확인해야 한다.

농지의 경우 농지취득자격증명을 받지 못하면 경락이 되지 않으므로 해당 농지 소재지의 읍·면 사무소에서 이를 반드시 확인해야 한다.

이와같이 경매에 입찰하고자 하는 참가자는 대상부동산에 대한 권리관계를 정확히 분석해야 불의의 손해를 보지 않는다.

🏠 권리분석의 분류

부동산 권리분석은 기준에 따라 여러 가지로 분류될 수 있으나, 여기서는 권리관계의 광·협에 따라 협의의 권리분석, 광의의 권리분석, 최광의의 권리분석으로 구분하여 살펴보고자 한다.

1. 협의의 권리분석

협의의 권리분석이란 협의의 권리관계를 대상으로 하는 권리분석 작업을 말한다. 협의의 권리관계란 부동산등기법에 의하여 등기할 수 있는 권리관계로서 일반적으로 부동산에 관하여 그 소유권의 취득이나 양도, 전세권의 설정, 저당권의 설정이나 소멸등 물권의 득실변경은 등기하지 않으면 효력이 생기지 않음을 명시하고 있다.

부동산등기법 제2조에는 등기할 사항을 다음과 같이 명시하고 있다.

즉 구분물건의 표시와 다음에 표기한 권리의 설정, 보존, 이전, 변경, 처분의 제한 또는 소멸에 관하여 이를 등기한다.

1. 소유권
2. 지상권
3. 지역권
4. 전세권
5. 저당권
6. 권리질권
7. 임차권

부동산등기법 제2조는 등기를 필요로 하는 권리와 이러한 권리의 득실변경에 대한 물권변동의 효력발생은 등기를 해야 함을 명시적으로 표시한 데 의의가 있다.

2. 광의의 권리분석

부동산활동이 다양해지고 토지이용 등의 규제관계가 복잡해짐으로 협의의 권리분석만으로는 부동산활동에서 안전성을 기대할 수 없으므로 넓은 의미의 권리관계에 부응하는 광의의 권리분석이 필요하다.

광의의 권리관계는 협의의 권리관계에 부동산의 법률적 가치를 포함한 것을 말한다. 부동산의 법률적 가치로는 용도지역제나 건축법상의 용적률, 건폐율 등과 같이 대상부동산을 실질적으로 어느 용도에 어느 범위까지 이용할 수 있는가에 대한 권리관계를 말한다.

3. 최광의의 권리분석

최광의의 권리분석은 협의의 권리분석이나 광의의 권리분석으로 밝힐 수 없는 최광의의 권리관계에 따른 권리분석을 말한다.

최광의의 권리관계는 협의의 권리관계와 광의의 권리관계를 포함하여 등기능력없는 권리관계, 등기를 요하지 않는 권리관계, 부동산의 상태 또는 사실관계 등을 말한다.

현행 부동산등기법은 등기의 공신력을 인정하지 않기 때문에 등기를 믿고 거래한 상대방은 불의의 손해를 입을 수가 있고, 또한 부동산 권리에는 등기를 하지 않아도 인정되는 관습법상의 권리가 인정되므로 협의의 권리분석이나 광의의 권리분석만으로는 대상 부동산에 대하여 안전하고 완전한 권리분석을 하였다고 할 수가 없다. 따라서 보다 상세하고 안전한 높은 수준의 권리분석이 요구되며, 최광의의 권리분석은 바로 이러한 대상 부동산에 관련된 최종적, 종합적 권리분석 작업이다.

최광의의 권리분석에서 다루는 등기능력없는 권리관계란 유치권, 점유권 등과 같이 등기능력을 갖추지 않는 권리관계를 말하며, 부동산의 상태 또는 사실관계란 도로관계, 세금관계, 면적 등의 표시관계와 대상 부동산의 공·사법상 적합성 여부, 분묘기지권의 존립여부 등을 말한다. 이러한 권리는 대상 부동산의 상태 또는 사실관계를 분석하여야 한다.

🏠 권리간의 우선순위

부동산경매에서 경락인이 대금지급기일에 경락대금을 완납하면 법원은 배당기일을 지정하여 권리신고를 한 채권자 등에게 배당을 하게된다. 부동산경매와 관련된 권리에는 물권과 채권이 있는데 이들 권리가 충돌할 경우 권리간에 우선순위에 따라 배당이 이루어진다. 이를 물권의 종류부터 차례로 살펴보고자 한다.

1. 물권의 종류

물권의 종류는 크게 법정물권과 관습법상 물권으로 구분할 수 있다.

법정물권은 민법 제2편 물권법에 점유권, 소유권, 지상권, 지역권, 전세권, 유치권, 질권, 저당권의 8가지로 한정하고 있으며, 관습법상 물권에는 판례에 의하여 확인되는 분묘기지권과 관습법상 법정지상권이 있다.

2. 물권 우선주의

어떠한 물건 위에 물권과 채권이 경합하는 경우에는 그 성립된 순서와는 관계없이 물권이 채권에 우선한다. 왜냐하면 물권은 물건에 대한 직접적인 지배권임에 대하여, 채권은 채무자의 행위를 통하여 간접으로 지배를 미치는 권리라는 성격상의 차이가 있기 때문이다.

한편 동일물에 성립한 물권 상호간에는 시간적으로 먼저 성립한 물권이 후에 성립한 물권에 우선한다.

채권이라도 일정한 공시방법을 갖출 경우 물권과 같은 대항력을 가지게 된다. 예를 들면 부동산임차권의 등기, 주택임대차보호법상의 주택의 인도와 주민등록전입, 소유권이전청구권의 보전을 위한 가등기 등을 갖춘 때에는 물권화된 권리로서 물권과 동일하게 공시일을 기준으로 우선순위를 판단하게 된다.

3. 채권자 공평주의

민법 제408조는 "분할채권관계"를 규정하고 있다. 즉 "채권자나 채무자가 수인인 경우에 특별한 의사표시가 없으면 각 채권자 또는 각 채무자는 균등한 비율로 권리가 있고 의무를 부담한다."라고 규정하고 있다.

부동산경매에서 경락대금을 배당할 때는 우선변제권이 있는 물권을 배당하고, 남은 금액이 있을 경우 채권자들에게 채권금액에 비례하여 공평하게 배당하게 된다. 즉 민법은 채권자끼리는 우선순위가 없이 평등하게 취급하고 있다.

🏠 경락인이 인수하는 권리와 소멸되는 권리

부동산 경매에서 경락인이 대금을 완납하면 부동산 소유권은 경락인에게 이전된다. 이 때에 대상 부동산상에 있는 물적부담을 어떻게 처리하는가에 따라 경락인은 안전하게 부동산을 취득할 수도 있고, 불완전한 상태에서 부담을 안은 채로 부동산을 취득할 수도 있다.

이와같이 경매부동산의 소유권이 경락인에게 이전될 때에 대상 부동산에 있는 각 권리들의 부담을 처리하는 방법에는 두 가지 입장이 있다. 즉 경락인이 인수하는 권리와 소멸되는 권리이다.

1. 경락인이 인수하는 권리

경락인이 인수하는 권리들은 경락이 되더라도 경락자가 그 물적부담을 안아야 하므로 경락인은 경매입찰시에 인수금액 만큼의 금액을 차감하여 경락을 받아야 한다. 그렇지 아니하면 시세보다 비싼 금액으로 경매부동산을 취득하거나 입찰을 포기하는 손해를 감수해야 한다.

예를 들면 최고순위의 저당권등기보다 빠르고 경매개시결정등기보다 빠른 권리들은 경락인에게 그대로 인수된다.

인수주의에 해당하는 권리에는 다음과 같은 것들이 있다.

(1) 최고순위의 담보물권보다 먼저 설정된 다음의 권리

1. 전세권

2. 지역권

3. 지상권

4. 임차권

5. 주택의 인도와 전입신고를 마친 임차인

6. 가등기

7. 가처분등기

8. 환매등기

(2) 경매개시결정등기보다 먼저 설정된 다음의 권리

　(단, 이들 권리보다 먼저 설정된 담보물권이 없어야 함)

1. 전세권

2. 지역권

3. 지상권

4. 임차권

5. 주택의 인도와 전입신고를 마친 임차인

6. 가등기

7. 가처분등기

8. 환매등기

(3) 유치권

2. 경락으로 소멸되는 권리

경락으로 인해 소멸되는 권리들은 부동산의 매각대금에서 배당으로 해결되고 말소촉탁의 대상이 됨으로 경락인은 안전하게 부동산 소유권을 취득하게 된다.

예를 들면 최고순위의 저당권보다 뒤에 설정된 전세권이나 기타 용익물권은 경락으로 인해 소멸된다.

소멸주의에 해당하는 권리에는 다음과 같은 것들이 있다.

(1) 저당권

(2) 가압류등기와 압류등기

(3) 최고순위의 담보물권보다 늦게 설정된 다음의 권리

1. 전세권

2. 지역권

3. 지상권

4. 임차권

5. 주택의 인도와 전입신고를 마친 임차인

6. 가등기

7. 가처분등기

8. 환매등기

⑷ 가압류등기보다 늦게 설정된 다음의 권리

1. 전세권

2. 지역권

3. 지상권

4. 임차권

5. 주택의 인도와 전입신고를 마친 임차인

6. 가등기

7. 가처분등기

8. 환매등기

⑸ 경매개시결정등기보다 늦게 설정된 다음의 권리

1. 전세권

2. 지역권

3. 지상권

4. 임차권

5. 주택의 인도와 전입신고를 마친 임차인

6. 가등기

7. 가처분등기

8. 환매등기

⑹ 전세권으로 기한의 약정이 없거나 경매개시결정등기로부터 6개
월 이내에 그 기간이 만료되는 전세권

🏠 대위변제(代位辨濟)

1. 대위변제의 의의(意義)

대위변제란 제3자 또는 공동채무자중에서 1명이 채무자의 채무를 대위하여 변제하는 것을 말한다. 이 경우 그 변제자는 채무자 또는 다른 채무자에 대하여 구상권을 취득하게 되는데 변제자는 구상권의 범위내에서 이에 수반되는 권리를 채권자에 갈음하여 행사할 수 있다.

대위변제를 하기 위해서는 채권자의 승낙을 얻거나 변제를 함에 있어서 정당한 이익을 가져야 함을 요한다. 대위변제는 제3자 변제를 확실히 하기위한 방법이다.

2. 제3자 변제

제3자가 타인의 채무를 변제하는 것을 말한다.

민법상 제3자 변제는 원칙적으로 인정된다. 그러나 그 채무의 성질상 일신전속적이어서 제3자 변제를 허용하지 않는 것이나 당사자가 반대의사를 표시한 경우에는 제3자 변제가 허용되지 않는다.

제3자 변제자는 채무자 또는 다른 채무자에 대하여 구상권을 취득하게 되는데 변제자는 구상권의 범위 내에서 이에 수반되는 권리를 채권자에 갈음하여 행사할 수 있다.

3. 경매절차에서 대위변제를 하는 유형

(1) 경매신청채권의 대위변제

이는 채무자 아닌 이해관계가 있는 제3자가 채무자를 대위하여 경매신청채권상의 청구금액과 절차비용을 변제 또는 변제공탁하고 경매절차의 취소를 구하는 것을 말한다.

(2) 선순위 담보물권이나 가압류의 대위변제

이는 경매대상 부동산의 이해관계있는 후순위권리자가 선순위인 담보물권의 피담보채무나 가압류의 피보전채무를 대위변제하는 것을 말한다.

경매절차에서 담보물권이나 가압류등기는 경락에 의해 말소된다. 이 경우 후순위 주택임차인 등은 경락자에게 대항력을 주장할 수 없게된다. 따라서 후순위권리자가 선순위 담보물권이나 가압류의 채무를 대위변제하여 그 선순위의 등기를 말소함으로 순위상승을 하게되는 경우에 대위변제를 하는 경우가 많다.

후순위 주택임차인 등은 채무자를 대위하여 채무를 변제하고 이를 원인으로 하여 선순위 저당권등기나 가압류등기의 말소를 신청한다. 그 후 그 말소된 등기부등본을 경매법원에 제출해야 임차인 등 후순위권리자는 순위상승의 효력을 얻게되어 대항력을 취득하게 된다.

4. 대위변제를 할 수 있는 시기

(1) 경매신청채권의 대위변제

경락자가 경락잔금을 완납하기 전까지 가능하다. 이해관계있는 제3자는 채무자의 채무를 대위변제 또는 변제공탁하고 집행정지결정정본을 경매법원에 제출하여야 집행정지의 효력이 발생한다.

(2) 선순위 담보물권이나 가압류의 대위변제

경락기일까지 가능하다. 이해관계있는 후순위권리자는 대위변제를 한 사실을 원인으로 하여 선순위 저당권등기나 가압류등기의 말소를 신청한다. 그 후 그 말소된 등기부등본을 경매법원에 제출해야 하므로 실무에서는 대금지급기일에 경락자가 경락잔금을 납부할 때까지 위 절차를 완료하도록 하고 있다.

5. 대위변제에 대한 경락자의 대응방법

(1) 낙찰허가결정 전일 경우

경락자는 후순위권리자가 대위변제를 한 사실을 알게되면 즉시 "낙찰불허가신청"을 한다.

(2) 낙찰허가결정 후부터 낙찰허가결정확정 전일 경우

경락자는 경매물건에 대한 권리의 변동을 이유로 입찰물건명세서상의 하자를 원인으로한 즉시항고를 하여 불복신청을 한다.

(3) 경락잔금 납부 전일 경우

경락자는 낙찰허가결정에 대한 이의신청이나 취소신청을 할 수 있다. 그러나 이 경우에 낙찰허가결정에 대한 이의신청이나 낙찰허가결정의 취소신청에 대한 판단은 법원의 재량사항이다.

부동산공매

공매(公賣)의 의의

...공매란 법률의 규정에 의해 공공기관이 행하는 부동산 매각
처분절차이다. 이는 민사소송법상의 공매인 법원경매와 국세징수법
상 국세체납처분절차로서 국가 또는 지방자치단체가 압류재산을 강
제처분하는 공매 및 정부출자기관으로 한국자산관리공사에서 행하
는 공매가 있다.

국세징수법상 국세체납처분절차로서 행하는 공매는 주로 관할세
무서에서 압류한 부동산이나 동산, 유가증권 등을 강제로 매각처분하
는 절차이다. 관할세무서는 압류한 재산을 매각하여 국세, 가산금, 체
납처분비, 기타 채권에 배분하고 남은 금액은 체납자에게 돌려준다.

국세징수법상 공매는 세금 체납액이 많고 적음에 관계없이 행해 질

수 있다. 공매가 진행중인 압류 부동산의 체납자는 체납된 세금과 공매진행에 소요된 비용을 납부하고 이를 해제할 수 있다.

한국자산관리공사 공매의 특성

1. 한국자산관리공사의 설립목적

한국자산관리공사(KAMCO)는 금융기관의 부실채권을 정리하고 금융기관 및 기업의 비업무용 부동산을 매각하며, 국유재산의 관리 및 처분 업무를 수행하게 함으로써 금융산업 및 국민경제의 발전에 이바지함을 목적으로 설립되었다.

2. 한국자산관리공사 공매의 특성

(1) 매매대금 납부방법

한국자산관리공사 공매 시 매매대금 납부방법에는 일시불 납부와 할부 납부 방법이 있다.

① 일시불 납부방법

매매계약 체결일로부터 6개월 이내에 매매대금을 완납하는 대금납부 방법이다.

② 할부 납부방법

매매대금에서 계약보증금을 차감한 잔대금을 매매계약 체결일로부터 소정의 할부기간 내에 최장 6개월마다 균등 납부하는 방법이다.

(2) 매매대금의 분할납부가 가능하다.

한국자산관리공사 공매시 매매대금은 물건에 따라 6개월에서 3년까지 분할납부가 가능하다.

(3) 매매대금의 1/2 이상 납부시 소유권이전이 가능하다.

계약체결 후에 매매대금의 1/2 이상을 납부하고 소유권이전을 요청할 경우 매매대금에 상응하는 은행지급보증서 등을 제출하면 소유권이전이 가능하다.

(4) 매매대금의 1/3 이상 선납할 경우 입주하여 사용할 수 있다.

계약체결 후에 매매대금의 1/3 이상을 선납하는 경우에는 입주하여 사용할 수 있다.

(5) 매수자 명의변경이 가능하다.

할부로 부동산을 구입한 매수자가 매매대금을 계속 납부할 수 없는 경우 등에는 제3자가 계약을 이어받아 대금납부를 이행할 수 있도록 명의변경이 가능하다.

이 경우 할부급으로 취득한 부동산의 매수희망인은 명의변경시점에서 당초계약자가 지급한 금액에 대한 취득세를 납부해야 한다. 일시불 납부의 경우에도 할부급 납부에 준해 명의변경할 수 있다.

(6) 공매실시 후 매각되지 않은 부동산은 다음 공매집행 전일까지 수의계약이 가능하다.

🏠 한국자산관리공사 공매의 종류

1. 유입자산

유입자산이란 금융기관의 구조개선을 위해 법원경매를 통해 한국자산관리공사 명의로 취득한 재산과 부실징후 기업체를 지원하기 위해 기업체로부터 취득한 재산을 다시 매각하는 부동산이다.

2. 고정자산

금융기관구조조정 과정에서 정리된 시중은행의 업무용 재산을 취득하여 이를 다시 매각하는 부동산이다.

3. 비업무용자산

한국자산관리공사 앞으로 매각을 의뢰한 금융기관 소유의 자산과 기업체가 소유하고 있는 비업무용 부동산으로서 한국자산관리공사에 매각을 위탁하여 이를 다시 매각하는 부동산이다.

4. 압류재산

국세징수법상 국세체납처분절차로서 국가기관 등이 체납자의 재산을 압류한 후에 이를 한국자산관리공사에서 공매를 대행하는 부동산이다.

압류재산은 수의계약제도가 없으며 매수자의 명의변경도 불가능하다. 또한 압류재산은 명도책임이 매수자에게 있으므로 대항력있는 임차인이나 기타 권리관계에 대한 분석을 철저히 해야한다.

5. 국유재산
국가소유의 잡종재산을 한국자산관리공사에서 관리와 처분을 위임받아 입찰의 방법으로 매각 또는 임대하는 부동산이다.

 ## 한국자산관리공사 공매절차

1. 일반적인 공매절차

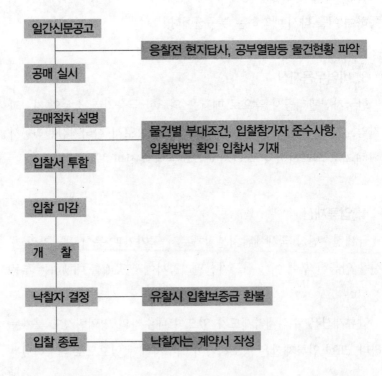

```
┌──────────────┐
│ 일간신문공고 │
└──────┬───────┘
       │        ┌─────────────────────────────────────┐
       ├────────│ 응찰전 현지답사, 공부열람등 물건현황 파악 │
       │        └─────────────────────────────────────┘
┌──────┴───────┐
│  공매 실시   │
└──────┬───────┘
       │
┌──────┴───────┐
│ 공매절차 설명 │
└──────┬───────┘
       │        ┌─────────────────────────────────────┐
       ├────────│ 물건별 부대조건, 입찰참가자 준수사항. │
       │        │ 입찰방법 확인 입찰서 기재           │
┌──────┴───────┐ └─────────────────────────────────────┘
│ 입찰서 투함  │
└──────┬───────┘
       │
┌──────┴───────┐
│  입찰 마감   │
└──────┬───────┘
       │
┌──────┴───────┐
│   개 찰      │
└──────┬───────┘
       │
┌──────┴───────┐ ┌─────────────────────────────────────┐
│ 낙찰자 결정  │─│ 유찰시 입찰보증금 환불               │
└──────┬───────┘ └─────────────────────────────────────┘
       │
┌──────┴───────┐ ┌─────────────────────────────────────┐
│  입찰 종료   │─│ 낙찰자는 계약서 작성                 │
└──────────────┘ └─────────────────────────────────────┘
```

2. 인터넷 입찰절차

한국자산관리공사에서는 공매물건을 전자자산처분시스템에 의한 인터넷 입찰로 실시한다. 인터넷 입찰은 입찰서 작성에서부터 낙찰자 선정에 이르기까지 공매입찰의 전과정을 인테넷상으로 실시하는 것으로 그 절차를 살펴보면 다음 도표와 같다.

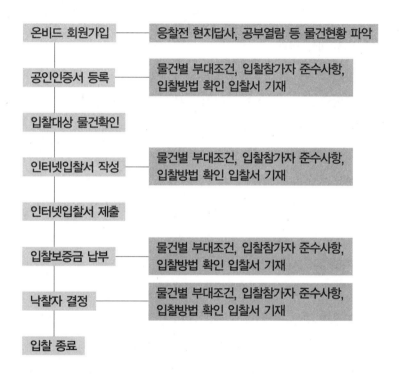

🏠 한국자산관리공사 공매의 유의사항

1. 유입자산 및 비업무용자산 공매

① 명도책임이 한국자산관리공사 또는 금융기관에 있는지 매수자

에게 있는지 확인해야 한다.

② 매각물건마다 부대조건 여부를 확인해야 한다.

③ 토지거래허가 대상물건인 경우에 관할관청으로부터 토지거래허가를 얻어야 계약체결이 가능하다.

④ 지상에 건물이 있을 경우 지상권의 유무를 확인해야 한다.

2. 압류재산 공매

① 모든 부동산의 명도책임은 매수자에게 있다.

② 대항력있는 임차인이 있는지 여부를 확인해야 한다.

③ 저당권설정등기 또는 세금 압류일자 이전에 등재된 가등기, 가처분, 지상권 등은 말소되지 않는다. 이와같이 등기상 말소되지 않는 권리가 있는지 여부를 확인해야 한다.

④ 지상에 건물이 있을 경우 법정지상권의 유무를 확인해야 한다.

3. 기타 유의사항

① 응찰전 현장확인은 반드시 필요하다.

② 공장의 경우 공장신고나 허가여부를 확인해야 한다. 또한 기계기구의 수량차이나 사용가능 여부에 대한 책임은 매수자에게 있으므로 응찰전 기계기구의 수량의 증감내용과 사용가능 여부를 확인해야 한다.

③ 임야의 경우 지상에 식재되어 있는 수목에 대한 소유권 취득여부를 확인해야 한다.

④ 농지의 경우 낙찰자는 소유권이전등기 시까지 농지취득자격증
   명서를 제출해야 한다.

PART 3

실 전 편
(사례집)

"적을 알고 나를 알면 백전백승이다"는 말이 있다.

전쟁에서는 승리만이 살아남을 수 있다. 승리하기 위해서는 적을 알고 나를 알아야 한다.

부동산 경매에서도 100% 성공하기 위해서는 경매물건을 알고 상대방을 알아야 한다. 매각물건명세서와 감정평가서를 확인하고 각종 공부를 조사하며 현장을 방문하여 시세를 파악하고 권리분석을 해야 한다.

경매와 공매에 나오는 물건 중에서는 입찰해도 좋은 물건과 입찰해서는 안되는 물건이 있다. 입찰해도 좋은 부동산을 적정가격에 낙찰받아서 몇 배의 수익을 올리는 것이야말로 부동산 투자로 성공하는 지름길이다.

반면에 어떤 부동산은 겉으로 보기에는 괜찮은 물건으로 보이나 경락받고 보니 실속이 없거나 명도하는데 큰 장애물이 있는 경우가 있다.

실전편에서는 부동산의 종류별로 입찰에 필요한 권리분석과 물건분석을 하였으며 사건별로 카-포인트(Key Point)를 체크하여 입찰해도 좋은 물건과 입찰해서는 안되는 부동산을 알 수 있도록 하였다.

여기에 나오는 사례들은 최근 몇 년간 법원에서 실제로 입찰에 부쳐진 사건들이므로 이들을 잘 분석하면 실전에서 반드시 성공하리라 확신한다.

저당권과 소제주의

사건번호 물건종별 채권/채무	물건내역 (면적:평방미터)	감정평가액 최저경매가 경매경과	주민등록현황 임대차현황 보증금(단위:만원)	등기부 기재내역
03-○○○○	서울 강북구 수유동	400,000,000 204,800,000 (51.2%)	전입 2002. 8. 30 3,000만 원 김○○	최종소유권이전 02. 2. 22 저당 2002. 2. 22
아파트	대지 53.897/1075 (16.30평) 건물 134.18(전용 40.59평)		확정 2002. 8. 30 배당 2003. 9. 22	3억6,000만 원 외환은행
	대지감정 : 200,000,000원 건물감정 : 200,000,000원	유찰 2003. 8. 18		가압 2002. 9. 28 1,611만 원 삼성캐피탈
외환은행 이○○ 이○○	철근콘크리트조 평슬래브	유찰 2003. 9. 22		압류 2002. 10. 2 서울시 강북구 압류 2003. 2. 27
보증금 : 10% 서울감정 (2003. 5. 16)	▶19세대 ▶4.19 국립묘지 남측인근 ▶버스정류장 인근 ▶도시가스 설비 ▶보존등기 : 2001. 11. 6	유찰 2003.10. 20		서울시 동작구 임의 2003. 4. 21 외환은행 청구금액 :288,287,883원 가압 2003. 5. 19 2,786만 원 국민카드 ▶발급일자 : 2003. 7. 31

입찰일자 : 2003. 11. 17

경매결과 : 낙찰

낙찰금액 : 235,000,000원

권리분석

1. 최초 저당권 설정이 2002. 2. 22에 되어있어 저당권 설정 이후의 권리는 소제주의에 의해 말소된다. 따라서 저당권 이후의 압류나 가압류는 모두 말소된다.

2. 외환은행이 채권자이며 채무자 및 소유자는 이○○으로 채권자가 저당권에 기하여 경매신청한 사건이다. 외환은행의 저당권 설정금액은 3억6,000만 원이고 청구금액이 금 288,287,883원으로 경매진행중에 취하될 염려도 없다.

3. 주민등록상 전입되어 있는 김○○은 임차인으로 보여지며 저당권 설정일 이후에 본 물건에 전입되어 대항력이 없다. 또한 김○○은 임차금액도 3,000만 원으로 소액보증금 최우선변제권이 있어 명도과정에서도 어려움이 없어 보이며 확정일자도 받아놓았고 배당신청도 하였으므로 경락인은 무리없이 명도를 받을 것으로 보여진다.

4. 권리분석의 결과 경락인이 인수할 부담은 없다고 보여지므로 입

찰자는 적정한 금액으로 입찰에 참여해도 좋다고 본다.

 물건분석

1. 위 물건의 포인트는 권리관계와 최저경매가격이다. 권리분석의 결과 경락인이 부담할 권리가 없는 것으로 판명된 이상 입찰자의 입장에서 어느 정도의 투자수익이 발생하는가 하는 것이 중요하다.

2. 감정가격이 4억 원이며 이는 위 물건의 일반적인 시세이고 이를 일반매매로 살 경우에는 이와 비슷한 금액이 필요하다. 이 사건에서 최저경매가격은 3회 유찰되어 감정가격의 51.2%인 금 204,800,000원이므로 입찰가격을 이 금액보다 조금 더 써도 시세 이하로 이 아파트를 취득하는 것이므로 투자수익이 좋은 물건이다.

3. 따라서 위 물건을 시가의 절반 가까운 금액으로 낙찰받는다면 투자수익도 올릴 수 있으며 거주할 목적으로도 좋은 찾아보기 어려운 우량물건이다. 이러한 물건을 찾는 묘미가 바로 경매의 메리트이며 입찰자는 '화이팅' 하고 적극적으로 경매에 참여할 만한 멋진 물건이다.

사례 2(아파트)

말소되지 않는 유치권

사건번호 물건종별 채권/채무	물건내역 (면적:평방미터)	감정평가액 최저경매가 경매경과	주민등록현황 임대차현황 보증금(단위:만원)	등기부 기재내역
03-0000	서울 노원구 상계동 624 상계주공A	120,000,000 96,000,000 (80.0%)	전입 2001. 3. 14 7,500만 원 여00	최종소유권이전 01. 3. 12 저당 2002. 3. 18 1,950만 원
아파트	대지 37.05/170507(11.21평) 건물 59.39(17.97평)	유찰 2003. 8. 18	확정 2001. 3. 14 배당 2003. 4. 24	국민은행 압류 2003. 3. 28 서울특별시
국민은행 봉00 봉00	대지감정 : 36,000,000원 건물감정 : 84,000,000원 철근콘크리트조 평슬래브	변경 2003. 9. 22		임의 2003. 4. 10 국민은행 청구금액 19,500,000원
보증금 : 10% 알엔디감정 (2003. 4. 23)	▶복도식 ▶마들역 북서측 인근 ▶버스정류장 인근 ▶도시가스 설비 ▶보존등기 : 1988. 11. 5			▶2003. 7.29. 대세기업으 로부터 89,800,000원을 유치권 신고있음 ▶발급일자 : 2003. 7. 31 아파트

📑 **입찰일자 : 2003. 11. 17**

　경매결과 : 낙찰
　낙찰금액 : 107,800,000원

📑 **권리분석**

1. 국민은행이 채권자이며 채무자 및 소유자는 봉○○로 채권자가 저당권에 기하여 경매신청한 사건이다.

2. 최초 저당권 설정이 2002. 3. 18에 되어있어 저당권 설정 이후의 권리는 소제주의에 의해 말소된다. 따라서 저당권 이후의 압류등기는 말소된다.

3. 유치권은 경락으로 말소되지 않는 권리이므로 대세기업으로부터 신고된 금 89,800,000원은 경락인에게 인수될 부담이 있다. 유치권이 인정될 경우 유치권자는 경락인에게 해당 채권을 청구할 수 있으며, 채권변제 시까지 목적물을 계속 유치할 권리가 있다. 또한 채권의 변제를 받기 위해 유치물건을 경매신청할 수도 있다. 단 낙찰을 방해할 목적으로 유치권신고가 되어있을 경우 등 유치권이 성립되지 않을 경우에는 문제가 없으므로 유치권의 성립여부를 확인해야 한다.

4. 주민등록상 전입되어 있는 이○○은 전세보증금 7,500만 원에

2001. 3. 14에 전입되어있어 저당권보다 선순위이므로 경락인에게 대항력이 발생한다. 대항력있는 임차인의 전세보증금은 전액배당이 안될 경우 경락인에게 인수될 수 있으므로 주의해야 한다.

물건분석

1. 위 물건의 체크 포인트는 유치권과 대항력있는 임차인이다. 대세기업으로부터 신고된 유치권은 정당하게 성립되었다면 경락으로 인해 말소되지 않으므로 경락인에게 부담이 되며 또한 저당권보다 선순위로 전입되어 있는 임차인의 전세보증금도 전액배당이 안될 경우 경락인에게 인수될 수 있다.

2. 위 물건은 금회 입찰에서 낙찰되었다. 아마도 유치권자나 임차권자와 관계있는 자가 낙찰받았거나 그렇지 않으면 권리분석을 충분히 하지 않고 입찰에 참여한 결과가 된다.

3. 위 물건은 말소되지 않는 유치권과 대항력있는 임차인이 있으므로 유치권자와 임차권자에 대한 정확한 정보나 대책이 없으면 입찰에 참여하지 않는 것이 좋다. 최저입찰가격도 투자매력이 있을 정도로 저렴하지도 않고 권리관계도 위험이 도사리고 있으므로 이런 물건을 가려내어 버리는 것이 바로 경매를 배우는 이유이다.

사례 3(아파트)

임차인의 경매신청

사건번호 물건종별 채권/채무	물건내역 (면적:평방미터)	감정평가액 최저경매가 경매경과	주민등록현황 임대차현황 보증금(단위:만원)	등기부 기재내역
03-○○○○ 아파트 조○○ 허○○ 허○○ 보증금 : 10% 가람감정 (2003. 6. 27)	서울 강북구 우이동 대지 89.572/7963 (27.10평) 건물 84.79(25.65평) 대지감정 : 110,000,000원 건물감정 : 110,000,000원 철근콘크리트조 기타 ▶계단식 ▶백운초등학교 남서측 ▶ 버스정류장 도보 4-5분 ▶도시가스 설비 ▶보존등기 : 1995. 12. 4	220,000,000 176,000,000 (80.0%) 유찰 2003. 10. 29	전입 1994. 8. 8 6,200만 원 조○○ ('94. 7. 31부터 점 유. 보증금 증액으로 인하여 8,700만 원) 전입 1996. 1. 23 손○○ (임차인 매형)	최종소유권이전 95.12.27 저당 1996. 2. 2 4,500만 원 박○○ 압류 1998. 3. 24 강남구 가압 1998. 11. 5 1억3,134만 원 동양카드 가압 1999. 1. 15 486만 원 국민카드 압류 2000. 11. 29 강북구 강제 2003. 6. 5 조○○ 청구금액 : 87,000,000원 압류 2003. 9. 2 국민건강보험공단 ▶발급일자 : 2003. 10. 2

입찰일자 : 2003. 11. 17

경매결과 : 유찰

권리분석

1. 임차인인 조○○이 채권자이며 채무자 및 소유자는 허○○로 임차인이 임차권에 기하여 강제경매 신청한 사건이다. 경매신청 청구금액은 전세 보증금(증액된 금액 포함)인 금 8,700만 원이다.

2. 최초 저당권 설정이 1996. 2. 2에 되어있어 저당권 설정 이후의 권리는 소제주의에 의해 말소된다. 따라서 저당권 이후의 압류나 가압류는 모두 말소된다.

3. 주민등록상 전입되어 있는 손○○는 임차인의 매형으로서 진정한 임차인으로 보기에는 의심의 여지가 있다. 만약 낙찰을 방해할 목적으로 주민등록 전입신고를 하였다면 정당한 임차권이 성립되지 않아 문제가 없다.

4. 권리분석의 결과 본 물건은 임차인이 전세보증금을 반환받기 위해 경매신청한 것으로 임차인이 입찰에 참여할 가능성이 큰 것으로 보여진다. 만약 임차인이 배당을 받지 못할 경우에는 대항력있는 임차인의 전세보증금은 경락인에게 인수될 수 있으므로

주의해야 한다.

📄 물건분석

1. 임차인을 제외한 일반인이 입찰에 참여할 이유가 전혀없는 물건이다. 최저경매가격도 1회 유찰되어 시세에 비해 투자수익이 발생하지 않으며 경매신청을 제기한 조○○은 대항력있는 선순위 임차인이다.

2. 이 물건에 입찰하는 자는 임차인의 둘러리나 서주는 꼴이된다. 혹시나 하고 입찰에 참가하여 낙찰이라도 되어보라. 임차인이 배당신청하여 배당을 받는다는 보장이 없는 바로 그 순간에 입찰보증금은 배당재단으로 편입되며 돌려받지 못하는 손해를 보게된다. 이 물건은 앞으로도 상당기간 계속 유찰될 물건이다.

전세권과 소제주의

사건번호 물건종별 채권/채무	물건내역 (면적:평방미터)	감정평가액 최저경매가 경매경과	주민등록현황 임대차현황 보증금(단위:만원)	등기부 기재내역
2001-○○○○ 아파트상가 해태유통 경남유통 보증금 : 10% 에이원감정 (2001.11. 12)	서울 도봉구 창동 347-4 주공A 대지 695.5/1995.3 건물 583.4 (176.5평) 대지감정 : 207,000,000원 건물감정 : 483,000,000원 ▶아파트상가 2층건물 중 지층임 ▶4호선 창동역 남서측 ▶전철역 도보 10분소요 ▶중소규모 아파트 혼재 ▶일반주거지역 ▶보존등기 : 1990. 12. 29	690,000,000 441,600,000 (64.0%) 유찰 2002. 5. 13 유찰 2002. 6. 10	전입 1997. 10. 00 5,000만 원 홍○○ 전입 1997. 10. 00 2,300만 원 현○○	전세 1991. 6. 10 4억원 해태유통 (존속기간 : 1996. 5. 31) (범위:판매시설.건물전부) 저당 1998..3. 23 6,000만 원 오비맥주 저당 1998. 3. 23 2,000만 원 두산경월 저당 1998. 3. 23 2,000만 원 두산백화 가압 1999. 1. 2 10억 원 보람은행 압류 1999. 4. 8 서대문구 압류 2000. 3. 2 서대문구 압류 2001. 7. 18 강남구 임의 2001. 11. 9 해태유통 청구금액 : 4억 원 압류 2002. 1. 9 부평구 압류 2002. 1. 25 서초구 ▶발급일자 : 2002. 4. 26

입찰일자 : 2002. 7. 8

경매결과 : 낙찰

낙찰금액 : 500,100,000원

권리분석

1. 해태유통이 채권자이며 전세권에 기하여 경남유통을 채무자로 하여 경매 신청한 사건이다. 전세권설정자가 전세금의 반환을 지체한 때에는 전세권자는 전세권의 존속기간 경과 후에 전세금 의 반환을 목적으로 전세권의 목적물의 경매를 청구할 수 있다.

2. 본 물건은 전세권이 등기부상 최고순위로 설정되어 있다. 전세 권자가 전세권에 부여된 경매청구권에 기하여 경매를 신청한 경 우에는 최선순위 저당권이 설정된 경우와 마찬가지로 그 후에 설정된 용익권 등은 모두 소제주의에 의해 소멸된다.

3. 따라서 본 사건의 경우 전세권 설정등기 후의 저당권이나 가압 류, 압류 등기는 모두 말소되어 등기상 경락인이 부담할 권리는 없다.

4. 주민등록상 홍○○과 현○○이 임차인으로 등재되어 있으나 당 시에는 상가건물임대차보호법에 제정되지 않았으므로 이들의 임차보증금에 대해서도 경락인은 인수할 부담이 없다.

물건분석

1. 아파트상가 지층 대형 슈퍼마켓 매장으로 아파트 주민과 인근
   주민을 대상으로 영업이 잘되고 경매결과 경락인이 인수할 부담
   도 없어 슈퍼 마켓을 운영할 자라면 입찰해도 좋은 물건이다.

2. 시세를 알아보아도 감정가격인 금 6억 9,000만 원 정도이므로
   현재 최저 경매가에서 입찰가격을 조금 올려도 투자수익이 날
   수 있는 물건이다. 아울러 낙찰받아 임대를 놓아도 임대수익이
   날 수 있고 직접 경영을 해도 영업수익이 날 수 있는 물건이다.

3. 슈퍼마켓이나 대형 매장을 활용하거나 이의 운영을 할 수 있는
   자라면 적극적으로 입찰하기를 추천한다.

사례 5(연립)

가등기가 되어있는 경우

사건번호 물건종별 채권/채무	물건내역 (면적:평방미터)	감정평가액 최저경매가 경매경과	주민등록현황 임대차현황 보증금(단위:만원)	등기부 기재내역
03-○○○○ 연 립 국민은행 남○○ 남○○ 보증금 : 10% 가람감정 (2003.10. 25)	서울 도봉구 쌍문동 대지 88.48/3367 (26.77평) 건물 76.5 (23.14평) 지하실 25.5 (7.71평) 대지감정 : 65,000,000원 건물감정 : 65,000,000원 철근콘크리트조 및 벽돌조 ▶부정형 평탄지 ▶버스정류장 인근 ▶남동측 및 남서측 6m 　도로접함 ▶보존등기 : 1984. 8. 31	130,000,000 104,000,000 (80.0%) 유찰 2004. 2. 23	소유자 점유	최종소유권이전 84. 9. 8 저당 1984. 9. 8 　900만 원 　국민은행 가등 1999. 4. 17 　(소유권이전청구권) 　박○○ 압류 1998. 5. 15 　도봉세무서 압류 1999. 3. 23 　도봉구 가압 2002. 4. 8 　8,084만 원 　스위스상호저축 압류 2003. 4. 30 　부안군 임의 2003. 10. 13 　국민은행 청구금액 : 6,000,000원 ▶발급일자 : 2004. 2. 6

📟 입찰일자 : 2004. 3. 22

경매결과 : 유찰

📟 권리분석

1. 국민은행이 채권자이며 채무자 및 소유자는 남○○로 채권자가 저당권에 기하여 임의경매 신청한 사건이다.

2. 최초 저당권 설정이 1984. 9. 8에 되어 있으며 저당권 설정일 이후의 가등기, 압류, 가압류는 소제주의에 의해 모두 말소된다.

3. 이 사건은 1998. 4. 17에 박○○이 소유권이전 청구권가등기를 한 것에 주의해야 한다. 왜냐하면 선순위 권리인 저당권이 설정금액 900만 원이고 경매 청구금액이 600만 원이므로 가등기권자인 박○○이 선순위권리인 저당권에 기한 청구금액을 대위변제하면 가등기가 최선순위권리가 되기 때문이다.

4. 가등기의 효력은 가등기권자가 그 가등기에 기하여 본등기를 경료하면 그 본등기의 순위가 가등기순위로 소급하게 된다. 가등기에는 소유권이전 청구권가등기와 담보가등기의 2종류가 있다. 담보가등기는 경매에서 저당권으로 보기 때문에 경락에 의해 소멸되므로 경락인이 인수할 부담은 없다. 소유권이전 청구권가등기는 선순위 저당권이 있을 경우 저당권이 경락에 의해

소멸하면 가등기도 소제주의에 의해 소멸된다. 그러나 가등기가 최선순위로 되어있을 경우 가등기는 경락으로 말소되지 않고 인수주의에 의해 경락인에게 인수된다.

5. 이 사건의 경우 가등기권자인 박OO은 최초의 저당권보다는 후순위이므로 선순위 저당권이 경락으로 소멸하면 가등기도 소제주의에 의해 말소된다. 하지만 선순위 저당권을 대위변제하여 저당권설정등기의 말소청구를 할 경우 등기상 최선순위 권리자가 된다. 단 경매신청 채권을 대위변제하는 경우에는 경매가 취하된다.

물건분석

1. 완전히 쓸모없는 위험이 포장된 물건이다. 경매초보자라면 최초의 저당권 이후의 등기상 권리는 모두 말소된다는 사실만 알고 권리에 하자가 없다고 오판하기 딱 쉬운 물건이다. 또한 소유자가 점유하고 있으므로 명도에도 문제가 없다고 판단할 것이다. 그러나 가등기권자가 언제 선순위 저당권을 대위변제하여 말소하면 그 순간 모든 노력은 수포로 돌아가고 만다.

2. 물론 가등기권자가 선순위 저장권을 대위변제하여 저당권설정등기의 말소청구를 할 경우 이는 경매신청 채권을 대위변제하는 결과가 되므로 경매는 취하된다.

3. 경매는 썩은 물건을 골라내고 우량하고 좋은 물건을 찾아내는데 묘미가 있다. 위 물건은 겉으로 보기에는 멀쩡하게 보이지만 이는 위험을 포장한 것이고 속을 들여다보면 전혀 메리트가 없는 물건이다.

사례 6(연립)

재경매인 경우

사건번호 물건종별 채권/채무	물건내역 (면적:평방미터)	감정평가액 최저경매가 경매경과	주민등록현황 임대차현황 보증금(단위:만원)	등기부 기재내역
02-0000 강제경매 02-0000 임의경매 연립 제일상호저축 이동 이동 보증금 : 20% 유니온감정 (2002.12. 10)	서울 노원구 상계동 상계1구역 대지 21.2/423 (6.41평) 건물 48.48 (14.67평) 대지감정 : 40,000,000원 건물감정 : 40,000,000원 철근콘크리트조 평슬래브 ▶상계4동사무소 남서측인근 ▶부정형 서측하향 완경사지 ▶버스정류장 인근 ▶남측4m 포장도로 접함 ▶도시가스보일러 ▶보존등기 : 2002. 3. 22	80,000,000 40,960,000 (51.2%) 유찰 2003. 5. 26 낙찰 2003. 6. 23 변경 2003. 9. 29 유찰 2004. 1. 26 유찰 2004. 2. 23	전입 2002. 5. 21 박○○ 전입 2002. 11. 27 1,500만 원 이○○ 확정 2002. 11. 27 배당 2003. 2. 27	최종소유권이전 02. 5. 15 저당 2002. 5. 15 7,200만 원 기업은행 가압 2002. 9. 12 2,413만 원 삼성카드 가압 2002. 11. 6 2,452만 원 신○○ 가압 2002. 11. 14 5억 원 국민상호저축 가압 2002. 11. 18 5,117만 원 안양상호저축 저당 2002. 11. 19 6억5,000만 원 안○○ 압류 2002. 11. 20 노원구 강제 2002. 11. 22 제일상호저축 청구금액 : 50,000,000원 가압 2002. 12. 3 2억3,700만 원 신용보증기금 임의 2002. 12. 9 기업은행 가압 2002. 12. 11 9,250만 원 경기신용보증재단 ▶발급일자 : 2003. 5. 9

입찰일자 : 2004. 3. 22

경매결과 : 낙찰

낙찰금액 : 51,600,000원

권리분석

1. 이 사건은 제일상호저축은행에서 강제경매 신청한 후에 기업은
   행에서 임의경매 신청한 이중경매 신청사건이다. 이중경매 신청
   사건은 먼저 개시결정한 집행절차에 따라 경매가 진행된다.
   즉 2002. 11. 22에 제일상호저축은행에서 경매신청하여 개시결
   정한 사건의 집행절차에 따라 경매가 진행된다.

2. 이 사건은 2003. 6. 23에 입찰시 낙찰되었으나 경락자가 경락대
   금을 납부하지 않아서인지 재경매되어 금번에 감정가 대비
   51.2%인 최저가 금 40,960,000원에 경매가 진행되는 재경매 사
   건이다. 경락인이 대금지급기일까지 경락대금을 납부하지 않아
   서 재경매되는 경우 최초 경락인은 입찰시에 납부한 입찰보증금
   은 반환받지 못한다. 재경매는 입찰보증금이 20%이다.

3. 최초 저당권 설정이 2002. 5. 15에 되어 있으며 저당권 설정일
   이후의 가압류나 압류 등은 소제주의에 의해 말소된다. 따라서
   경락인이 등기상 인수해야 하는 부담은 없다.
   또한 본 물건에 주민등록을 전입한 임차인이 2명 있다. 이들 모

두 최초의 저당권설정일 이후에 주민등록을 전입하여 경락인에게 대항력을 행사 할 수 없다. 임차인에 대한 명도에도 법적으로 문제될 것이 없다.

📄 물건분석

1. 경매실력을 유감없이 발휘할 수 있는 아주 좋은 물건이다. 왜냐하면 이 물건은 1번 낙찰되었다가 재경매로 다시 나왔으며 경매날짜도 1번 변경하여 일반인은 복잡하게 생각하고 입찰에 참여하는 것을 주저하는 물건이다. 그래서 여러번 유찰되어 금번에 감정가 대비 51.2%인 시세의 절반에 가까운 금액으로 입찰에 부쳐진다.

2. 위 물건은 2002. 3. 22에 보존등기되어 건축된지 2년차 된 깨끗한 물건이다. 이러한 물건을 일반매매로 사고자 해보라. 시가에서 얼마나 싸게 살 수 있겠는가?

3. 위 물건은 전세금 정도에 내 집을 마련할 수 있는 절호의 찬스가 주어진 물건이다. 입찰에 참여하여 경락받는 순간 이미 3,000만 원 전후의 투자수익이 발생하는 적극적으로 추천할만한 물건이다.

사례 7(연립)

경매진행중 취하된 경우

사건번호 물건종별 채권/채무	물건내역 (면적:평방미터)	감정평가액 최저경매가 경매경과	주민등록현황 임대차현황 보증금(단위:만원)	등기부 기재내역

03-○○○○
 	
연립
 	
강북새마을
박○○
박○○
 	
보증금 : 10%
삼창감정
(2003. 5. 19)
	서울 강북구 수유동
	
	대지 24.2 / 356
	건물 52(15.7평)
	
	대지감정 : 40,000,000원
	건물감정 : 40,000,000원
	
	▶인수중학교 서측인근
	▶주위 단독. 다세대주택
	  학교. 소규모 점포 혼재
	▶버스정류장 도보 5-6분
	▶도시가스 개별난방 설비
	▶일반주거지역
	
	▶보존등기 : 2000. 6. 16
		80,000,000
		51,200,000
		(64.0%)
		
		유찰
		2003. 8. 18
		
		유찰
		2003. 9. 22
			소유자 점유	최종소유권이전 00. 6. 16
				근저 2002. 8. 12
				  4,940만 원
				  강북새마을금고
				
				임의 2003. 4. 18
				  강북새마을금고
				청구금액 38,000,000원
				
				▶발급일자 : 2003. 8. 1

입찰일자 : 2003. 10. 20

경매진행 : 취하

권리분석

1. 위 사건은 강북새마을금고가 채권자이며 채무자 및 소유자는 박 ○○으로 채권자가 근저당권에 기하여 경매신청한 사건이다. 강북새마을금고의 청구금액은 3,800만 원으로 채무자가 3,800 만 원만 변제하거나 그동안 미납된 이자를 지불한다면 채권자는 경매신청의 목적을 달성할 수 있다. 따라서 경매절차가 중도에 중단될 수 있다.

2. 최초 근저당권 설정이 2002. 8. 12에 되어있으며 근저당권 이외 의 등기상 하자는 없다.

3. 이러한 물건은 입찰에 참가하여 경락을 받아도 잔금지불 시까지 취하될 가능성이 큰 물건이다. 따라서 입찰에 참가하려면 전체 적인 채무상태와 등기상 설정된 금액규모, 경매진행 중에 변경 이나 취하될 가능성 등을 고려하여 참가하는 것이 바람직하다.

물건분석

1. 위 물건에 입찰하는 것은 '닭 쫓던 개 지붕쳐다 보는 꼴'이 된다.

실컷 권리분석하고 물건조사하고 입찰보증금 찾아서 입찰에 참여하여 보아야 경락잔금을 지불하기 전에 경매가 취하될 수 있기 때문이다.

2. 경매초보자들이야 이러한 물건이 등기상 권리도 간단하고 또한 소유자가 점유하고 있어 명도문제도 쉽게 해결되리라 생각하여 좋은 물건이라고 입찰에 참여할 수도 있으나 경매를 아는 사람은 헛수고 하지 않고 버리는 물건이다.

3. 왜냐하면 소유자 입장에서는 3,800만 원 때문에 감정가 8,000만 원의 주택을 경매로 잃게된다면 억울할 것이다. 따라서 채권자에게 3,800만 원을 변제하든지 미납된 이자를 지불하든지 하여 경매신청을 취하할 것이다. 완전히 경매라는 미끼만 던진 쓸데없는 경매사건이다.

임차인이
대항력있는 경우

사건번호 물건종별 채권/채무	물건내역 (면적:평방미터)	감정평가액 최저경매가 경매경과	주민등록현황 임대차현황 보증금(단위:만원)	등기부 기재내역
03-○○○○ 연립 국민은행 김○○ 김○○ 보증금 : 10% 한국감정 (2003. 6. 23)	서울 동대문구 장안동 대지 63.011/957(19.06평) 건물 120.51(36.45평) 대지감정 : 100,000,000원 건물감정 : 100,000,000원 철근콘크리트조 평슬래브 ▶16세대 ▶장안근린공원 남측인근 ▶버스정류장 인근 ▶도시가스 개별난방 ▶보존등기 : 1998. 12. 11	200,000,000 160,000,000 (80.0%) 유찰 2003. 10. 20	전입 2000. 4. 3 3,000만 원 월세 40만 원 김○○ 확정 2003. 9. 9 배당 2003. 9. 9 전입 2002. 4. 16 성○○ (김○○의 지인 으로 점유관계 없음)	최종소유권이전 00. 6. 22 저당 2000. 6. 22 1억5,600만 원 국민은행 저당 2000. 10. 9 6,000만 원 한○○ 가압류 2001. 7. 28 5,000만 원 박○○ 압류 2002. 8. 5 강동세무서 가압류 2002. 8. 20 1,500만 원 국민은행 가압류 2002. 10. 21 2,054만 원 삼성카드 압류 2002. 11. 25 동대문구청 가압류 2003. 5. 23 383만 원 서울보증보험 임의 2003. 6. 12 국민은행 청구금액: 144,403,072원 ▶발급일자 : 2003. 10. 2

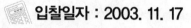 **입찰일자 : 2003. 11. 17**

> 경매결과 : 낙찰
> 낙찰금액 : 166,810,000원

권리분석

1. 국민은행이 채권자이며 채무자 및 소유자는 김○○으로 채권자가 저당권에 기하여 경매신청한 사건이다. 저당권 설정금액 1억 5,600만 원이고 청구금액이 금 144,403,072원으로 경매진행 중에 취하될 염려는 없다.

2. 최초 저당권 설정이 2000. 6. 22에 되어 있으며, 현 소유자에게 소유권 이전도 2000. 6. 22에 되어 있어, 아마도 소유자가 본 물건을 매입할 때 국민은행으로부터 대출을 받아서 구입한 것으로 생각된다. 저당권 이후의 가압류나 압류는 모두 말소된다. 따라서 등기상 경락인이 인수할 부담은 없다.

3. 주민등록상 전입되어 있는 김○○은 최초 저당권 설정일 이전에 전입되어 있어 대항력으로 경락인에게 임차보증금을 청구할 수도 있고 배당으로 임차보증금을 배당받을 수도 있다. 그러나 김○○은 확정일자를 2003. 9. 9에 받았으므로 확정일자에 의한 배당금 수령은 후순위이므로 경락인에게 대항력을 행사할 것으로 보인다.

4. 즉 최초저당권 설정일이 2000. 6. 22이므로 당시 소액보증금에 대한 최우선변제는 보증금 3,000만 원 이하일 경우 1,200만 원까지 받을 수 있다. 따라서 김○○은 1,200만 원을 초과한 1,800만 원에 대하여는 확정일자에 의한 배당이나 아니면 경락인에게 대항력을 행사하여 받아야 한다.

5. 성○○는 주민등록이 전입되어 있으나 임차인 김○○의 지인으로 임대차나 점유관계가 없어 경락인에게 부담은 없다.

6. 대항력있는 임차인의 임차보증금은 전액배당이 안될 경우 경락인에게 추가로 부담이 될 수 있으므로 입찰에 참여하고자 하는 자는 선순위 임차인인 김○○의 배당관계를 고려하여 부담이되는 금액만큼 저감되었을 때 입찰에 참여하는 것이 바람직하다.

물건분석

1. 이 물건은 현재 입찰에 참여할 메리트가 없는 물건이다. 임차인이 주택임대차보호법에 의하여 소액보증금을 최선순위로 배당받는다고 해도 소액보증금을 초과한 1,800만 원에 대해서는 배당순위로 보아 배당받기 어려우며 따라서 경락인에게 대항력을 행사할 여지가 크다.

2. 경매는 권리분석은 물론이고 물건분석도 할 줄 알아야 한다. 그

러기 위해서는 기초적인 경매이론과 배당관계도 알아야한다. 또한 실전경험을 통해 경락 후의 명도나 수익을 분석할 줄 알아야 한다.

3. 이 물건은 이번 입찰에서 낙찰되었으나 경매에 대한 지식이 있는 사람은 결코 입찰에 참가하지 않았을 것이다. 낙찰금액에서 제비용을 감안하면 잘했다고 할 수 없는 입찰결과이다.

사례 9(다세대)

가압류와 소제주의

사건번호 물건종별 채권/채무	물건내역 (면적:평방미터)	감정평가액 최저경매가 경매경과	주민등록현황 임대차현황 보증금(단위:만원)	등기부 기재내역
2003-○○○○	서울 도봉구 방학동	50,000,000 40,000,000 (80.0%)	전입 1997. 11. 10 2,700만 원 김○○ 확정 1997. 11. 13 배당 2003. 12. 17	최종소유권이전 91. 9. 18 가압 2000. 8. 4 2,020만 원 국민은행
다세대	대지 22.22/200 (6.72평) 건물 49.19 (14.88평)	유찰 2004. 5. 10		가압 2001. 6. 11 5,693만 원 신용보증기금
신용보증기금 정○○ 정○○	대지감정 : 20,000,000원 건물감정 : 30,000,000원 철근콘크리트조 슬래브			압류 2003. 9. 4 성남세무서 강제 2003. 11. 7 신용보증기금 청구금액: 47,276,266원
보증금 : 10% 삼창감정 (2003.12. 17)	▶9세대중 지하층 1호 ▶정방형 평지 ▶버스정류장 소재 ▶서측6m 도로접함 ▶도시가스 난방 ▶준공업지역 ▶보존등기 : 1991. 9. 18			▶발급일자 : 2004. 4. 22

🖩 **입찰일자 : 2004. 6. 7**

　　경매결과 : 유찰

🖩 **권리분석**

1. 위 사건은 신용보증기금에서 강제경매 신청한 사건으로 채무자 및 소유자는 정○○이고 청구금액은 금 47,276,266원이다.

2. 등기부에 기재된 최초의 권리가 2000. 8. 4에 국민은행에서 신청한 가압류 등기이다. 최초의 가압류 등기보다 후순위인 용익권이나 가처분·가압류 등은 소제주의에 의해 모두 말소된다. 따라서 본 물건은 경매에 의해 경락인에게 부담이 되는 등기상 말소되지 않는 권리는 없다.

3. 본 물건에 주민등록이 전입된 김○○은 최초의 가압류보다 선순위로 전입이 되어 경락인에게 대항력이 있다. 따라서 김○○의 임차보증금은 경락인에게 인수될 수 있는 부담이 있다. 그러나 한편으로 김○○은 확정 일자를 받아 놓고 배당신청도 했으므로 배당에 의해 자신의 임차보증금을 찾을 수도 있다. 또한 김○○은 소액임차인으로 임차보증금 중에서 일부를 최우선 변제받을 수도 있다.

4. 확정일자가 있는 대항력있는 임차인이 배당요구를 했을 경우 소

액임차인에 해당되면 소액보증금을 먼저 배당받고 확정일자에 따라 순위배당을 받으며 미배당금은 경락자가 인수해야 한다. 대항력있는 임차인이 배당요구를 하지 않았을 경우에는 임차보증금 전액을 경락자가 인수해야 한다.

물건분석

1. 별로 실익이 없는 물건이다. 본 물건은 등기상 경락인이 부담해야 하는 말소되지 않는 권리는 없다. 또한 대항력있는 임차인이 확정일자를 받았고 배당요구도 하였으나 경매의 메리트가 없는 물건이다.

2. 왜냐하면 이 물건은 다세대주택인데다 지하층에 있어 현재의 경매 최저가로는 입찰에 대한 실익이 별로 없으며 임차인이 배당신청을 했다고는 하나 대항력있는 임차인으로 배당신청을 취하할 수도 있다.

3. 앞으로도 더 유찰되어야 입찰을 고려할 수 있는 현재로서는 투자가치가 없는 물건이다.

대위변제의 가능성

사건번호 물건종별 채권/채무	물건내역 (면적:평방미터)	감정평가액 최저경매가 경매경과	주민등록현황 임대차현황 보증금(단위:만원)	등기부 기재내역
03-○○○○ 다세대 국민은행 박○○ 박○○ 보증금 : 10% 가람감정 (2003.10. 18)	서울 도봉구 창동 대지 27.02/272. 4(8.17평) 건물 58. 23(17.61평) 대지감정 : 38,000,000원 건물감정 : 57,000,000원 철근콘크리트조 슬라브 ▶도봉전화국 북동측인근 ▶세장형토지 ▶버스정류장 인근 ▶도시가스 개별난방 ▶보존등기 : 1997. 8. 19	95,000,000 76,000,000 (80.0%) 유찰 2004. 2. 23	전입 2002. 8. 6 7,000만 원 오○○ 확정 2002. 11. 4 배당 2003.11. 18	최종소유권이전 01. 9. 11 저당 1997. 5. 9 2,400만 원 국민은행 가압 2002. 10. 28 4,561만 원 기협중앙 가압 2003. 1. 14 9,675만 원 서울보증보험 가압 2003. 5. 26 9,873만 원 서울보증보험 임의 2003. 10. 2 국민은행 청구금액 : 20,000,000원 가압 2004. 1. 6 9,529만 원 신용보증 ▶발급일자 : 2004. 2. 6

경매결과 : 유찰

권리분석

1. 국민은행이 채권자이며 채무자 및 소유자는 박○○으로 채권자가 저당권에 기하여 경매신청한 사건이다. 저당권 설정금액은 2,400만 원이고 청구 금액은 2,000만 원이다.

2. 최초 저당권 설정이 1997. 5. 9에 되어 있으며 저당권 설정일 이후의 가압류는 소제주의에 의해 모두 말소된다.

3. 임차인 온○○은 최초 저당권 설정일 이후에 주민등록이 전입되어 있고 확정일자는 국민은행의 저당권 설정일과 기협중앙회의 가압류 이후로 되어있다. 따라서 온○○은 국민은행의 저당권이 존재하는 한 경락인에게 대항할 수 없다. 전세보증금도 7,000만 원으로 소액보증금 최우선 변제 대상이 아니다. 배당순위로는 국민은행의 저당권보다 후순위이고 기협중앙회의 가압류보다는 확정일자가 늦으므로 후순위이나 임차권의 물권화에 의하여 기협중앙회의 가압류와는 안분비례에 의해 배당받을 수 있다. 그러나 이럴 경우에도 전세보증금을 전액 배당받기는 어렵다.

4. 후순위 임차인이 전세보증금을 전액 배당받지 못할 경우 대위변

제를 하여 대항력을 획득하는 경우가 있다. 단 경매신청 채권을 대위변제할 경우 경매는 취하된다. 위 사건의 경우에도 임차인 온○○은 대위변제를 할 가능성이 크다. 따라서 경락인의 권리행사에 위험을 내포하고 있다.

🧮 물건분석

1. 함정을 파놓고 그 위에 살짝 나뭇잎을 덮어씌운 것과 같은 위험이 있다. 바로 대위변제의 위험이 도사리고 있는 물건이다. 국민은행의 경매신청 채권금액이 2,000만 원에 불과하므로 임차인은 과감히 이를 변제하고 대항력을 행사하고자 할 것이다. 그래야만 임차인은 자신의 전세보증금을 손해보지 않기 때문이다.

2. 위 물건은 임차인이 대위변제에 의해 대항력을 행사할 가능성이 크며 최저입찰가격도 시세보다 별로 싸지 않으므로 경매의 실익이 없는 물건이다. 한마디로 대위변제에 대해 연구하기에 적당한 물건이다. 앞으로도 몇 차례 더 유찰이 될 것이다. 경매를 제대로 배워서 이런 쓸모없는 경매사건을 걸러내는 것이 투자에 실패하지 않는 지름길이다.

입찰보증금을 넣지않아 입찰무효

사건번호 물건종별 채권/채무	물건내역 (면적:평방미터)	감정평가액 최저경매가 경매경과	주민등록현황 임대차현황 보증금(단위:만원)	등기부 기재내역
03-○○○○ 다세대 국민은행 주○○ 주○○ 보증금 : 10% 한국감정 (2003. 4. 28)	서울 도봉구 쌍문동 대지 23.89 / 179 건물 47.37(14.3평) 대지감정 : 28,000,000원 건물감정 : 42,000,000원 철근콘크리트조 ▶법종사 남측인근 ▶주위 다세대. 연립 형성 ▶차량통행 용이 ▶일반주거지역 ▶최고고도지구 ▶가스보일러 난방시설 ▶보존등기 : 1996. 7. 20	70,000,000 44,800,000 (64.0%) 유찰 2003. 8. 18 유찰 2003. 9. 22	소유자 점유	최종소유권이전 96.11. 20 근저 1996. 11. 20 4,200만 원 국민은행 가압 2002. 4. 23 828만 원 제일은행 임의 2003. 4. 8 국민은행 청구금액 35,000,000원 ▶발급일자 : 2003. 8. 1

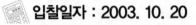 **입찰일자 : 2003. 10. 20**

경매진행 : 유찰

권리분석

1. 국민은행이 채권자이며 채무자 및 소유자는 주○○로 채권자가 근저당권에 기해 경매신청한 사건이다. 국민은행의 경매신청 청 구금액은 3,500만 원이다.

2. 최초 근저당권 설정이 1996. 11. 20에 되어있고, 현 소유자에게 소유권 이전일도 1996. 11. 20로 되어있어 소유자인 주○○가 국민은행에 대출을 받아 본 물건을 매입한 것으로 보인다.

3. 최초 근저당권 설정일 이후의 가압류 등은 소제주의에 의해 경 락으로 모두 말소된다. 따라서 경락자가 등기상 인수해야 할 부 담은 없다. 또한 본 물건은 소유자가 점유하고 있으며 주민등록 상 소유자 이외의 임차인도 없다. 따라서 경매가 순조롭게 진행 되면 명도에도 어려움이 없다.

물건분석

1. 위 물건에 대해서는 앞으로 전개될 입찰진행의 절차와 금회 입 찰에서 유찰된 결과를 놓고 다음 두가지 사항을 체크해야 한다.

경매를 통하여 부동산을 취득하기를 원한다면 반드시 집고 넘어가야할 중요한 내용이다.

2. 첫 번째로 위 사건의 앞으로 전개될 입찰진행에 대해 입찰자는 체크해 보아야 한다. 입찰자는 위 부동산의 임대차현황과 법원에 신고된 채권금액을 살펴보아야 한다. 위 부동산에는 현재 소유자만 점유하고 있다. 그리고 법원에 신고된 채권금액은 경매신청 채권자인 국민은행 3,500만 원과 가압류한 제일은행 828만 원이 전부다. 따라서 총 채권금액이 4,328만 원이다. 소유자는 이 금액으로 시가 7,000만 원 정도의 자기집을 빼앗기고 길거리로 내쫓긴다고 하면 어떤 방법을 동원해서라도 이를 해결하려고 할 것이다. 즉 경락이 되더라도 경락잔금을 납부하기 전에 언제라도 취하할 가능성이 큰 물건이다. 경락잔금을 납부하기까지는 조마조마하게 결과를 기다려야 하는 물건이다.

3. 두 번째로 위 사건이 진행될 당시 현장에서 입찰진행을 지켜본 결과 입찰일인 2003. 10. 20에 입찰자가 2명 있었다. 그러나 2명 모두 입찰보증금을 넣지 않아서 입찰무효가 되어 유찰되었다.

집행관이 "입찰보증금을 넣지 않아서 입찰무효"라고 하는 순간에 입찰서류를 접수시킨 당사자들은 얼마나 창피했을까?

'백문이 불여일견(百聞不如一見)' 이라는 말이 있다.

백 번 듣는 것보다 한 번 보는 것이 낫다는 말이다.

경매에 입찰하고자 하면 입찰법정에 가서 입찰표를 써보고 준비하여 자기가 바라던 물건이 나왔을 때는 정확한 권리분석과 물건분석을 해 실수없이 낙찰받기를 바란다.

최고가 입찰자가
2인 이상인 경우

사건번호 물건종별 채권/채무	물건내역 (면적:평방미터)	감정평가액 최저경매가 경매경과	주민등록현황 임대차현황 보증금(단위:만원)	등기부 기재내역
2003-○○○○ 임의경매 2003-○○○○○ 임의경매 다세대 진○○ 김○○ 김○○ 보증금 : 10% 한국감정 (2003. 5. 7)	서울 도봉구 창동 대지 22.95 / 216.9 건물 56.24 (17.01평) 대지감정 : 36,000,000원 건물감정 : 54,000,000원 철근콘크리트조 슬래브 ▶쌍문역 인근 ▶버스정류장 소재 ▶준공업지역 ▶도시계획도로 접함 ▶가스보일러 난방시설 ▶보존등기 : 1996. 1. 11	90,000,000 72,000,000 (80.0%) 유찰 2003.10. 20	전입 2002. 11. 18 7,500만 원 이○○ (2002. 11. 10일 부터 점유) 확정 2002. 11. 18 배당 2003. 6. 27	최종소유권이전 96. 1. 17 저당 1996. 1. 26 1,920만 원 국민은행 저당 2001. 1. 17 1,000만 원 진○○ 가압 2002. 11. 15 1,300만 원 탁○○ 가압 2003. 2. 4 640만 원 이○○ 가압 2003. 4. 14 1,500만 원 진○○ 임의 2003. 4. 24 진○○ 청구금액 15,000,000원 임의 2003. 5. 31 국민은행 가압 2003. 7. 3 1,374만 원 기업은행 ▶발급일자 : 2003. 10. 2

📄 입찰일자 : 2003. 11. 17

경매결과 : 낙찰

낙찰금액 : 75,700,000원

📰 권리분석

1. 채권자는 진○○이며 채무자 및 소유자는 김○○로 채권자는 본 물건에 저당권을 설정하고 다시 가압류를 하였다.

2. 위 사건은 이중경매 신청사건이다. 2003. 4. 24에 진○○이 채무자인 김○○를 상대로 임의경매 신청하였다. 그 후 2003. 5. 31에 국민은행에서 역시 김○○를 상대로 임의경매 신청하였다. 이중경매 신청사건은 먼저 개시결정한 집행절차에 따라 경매가 진행된다. 즉 2003. 4. 24에 진○○이 경매신청하여 개시결정한 사건의 집행절차에 따라 진행된다.

3. 본 사건은 등기부에 기재된 최초의 권리가 1996. 1. 26에 국민은행에서 신청한 저당권 등기이다. 최초의 저당권 등기보다 후순위인 용익물권이나 가압류 등은 소제주의에 의해 모두 말소된다. 따라서 본 물건은 경매에 의해 경락인에게 부담이 되는 등기상 말소되지 않는 권리는 없다.

4. 본 물건은 임차인 이○○이 전세보증금 7,500만 원에 점유하고

있다. 이○○은 2002. 11. 10부터 본 물건을 점유하고 있으며 2002. 11. 18에 주민등록을 전입하고 동일자로 확정일자를 받았다. 그리고 2003. 6. 27에 배당신청을 하였다. 이○○은 결국 배당에 의하여 전세보증금을 반환받아야 한다. 그런데 배당순위에 의하면 이○○의 확정일자가 탁○○의 가압류 등기일자보다 늦으므로 이○○과 탁○○은 안분배당에 의해야 한다. 조사결과 이○○은 2002. 11. 10에 전세계약 잔금을 지불하고 본 물건을 점유하고 있었으므로 만약 이○○이 2002. 11. 10에 주민등록을 전입하고 또한 동일자로 확정일자를 받았으면 배당순위가 탁○○보다 선순위가 될 수 있었음을 알 수 있다. 이○○은 주민등록 전입과 확정일자를 늦게하여 손해를 보는 아쉬움이 있다. 이 사건을 통해서도 전세계약을 작성할 때 주민등록 전입과 확정일자를 받는 것이 얼마나 중요한가를 알 수 있다.

물건분석

1. 이 물건은 등기상 경락인이 인수할 부담이 없고 입찰진행 중에 변경이나 취하될 염려도 없으므로 안심하고 입찰에 참여해도 좋은 물건이다.

2. 본 사건은 입찰일인 2003. 11. 17에 입찰자가 3명이었다. 그런데 3명 모두 동일하게 최저경매가인 7,200만 원에 응찰하였다. 경매에 있어 최고의 가격으로 응찰한 사람이 2인 이상이면 이들

만을 상대로 즉시 추가입찰을 실시한다. 추가입찰에서는 처음 입찰금액보다 적은 금액으로는 응찰할 수가 없다. 추가입찰에서도 다시 최고의 가격으로 응찰한 사람이 2인 이상이면 추첨에 의해 최고가 입찰자를 정한다.

3. 본 사건에서는 최고의 가격으로 응찰한 사람이 3명이므로 이들만을 상대로 추가입찰을 실시하였다. 그 결과 추가입찰자 중에서 한명이 최고가인 7,570만 원에 응찰하여 최고가 입찰자가 되었다. 만약에 처음 입찰시에 최저경매가에서 입찰가격을 10만 원만 더 적어도 추가입찰까지 가지않고 최고가 입찰자가 될 수 있었다. 경매가 싸다고 무조건 최저입찰가를 적는 것보다는 입찰에는 다른 사람들도 응찰할 것을 고려하여 조금 여유있게 입찰금액을 적어내는 것이 필요하다.

이중경매 신청사건

사건번호 물건종별 채권/채무	물건내역 (면적:평방미터)	감정평가액 최저경매가 경매경과	주민등록현황 임대차현황 보증금(단위:만원)	등기부 기재내역
99-○○○○○ 강제경매 2000-○○○○ 강제경매 주택 기술신용보증 조○○ 조○○ 보증금 : 10% 하림감정 (1999. 6. 21)	서울 중랑구 면목동 대지 90.6(27평) 건물 59.54(18.01평) 지하보일러.창고 8.26 제시외 화장실 2.5 대지감정 : 83,170,800원 건물감정 : 6,681,220원 제시외 : 75,000원 벽돌조 세멘기와지붕 ▶서울우유 남동측 ▶제형의 토지 ▶버스정류장 소재 ▶동측4m 도로접함 ▶유류보일러 난방 ▶보존등기 : 1984. 4. 23	89,927,020 71,941,610 (80.0%) 유찰 2002. 6. 10	전입 1990. 3. 30 조○○ (전 소유자) 전입 1996. 3. 13 1,000만 원 강○○ 확정 1997.12. 6 배당 1999. 6. 9	최종소유권이전 97. 12. 6 가압 1997.12. 23 150만 원 기업은행 가처 1997. 12. 24 신용보증기금 가처 1998. 2. 19 기업은행 강제 1999. 5. 18 기술신용보증 청구금액: 106,290,878원 가압 1999. 6. 14 1억 원 서울보증보험 가압 1999. 12. 31 6,000만 원 기업은행 강제 2000. 1. 17 신용보증기금 (채무자 : 조○○) ▶발급일자 : 2002. 5. 24

입찰일자 : 2002. 7. 8

    경매결과 : 낙찰

    낙찰금액 : 80,200,000원

권리분석

1. 기술신용보증에서 강제경매 신청한 사건으로 채무자 및 소유자
   는 조○○이다. 기술신용보증에서 경매신청한 후에 신용보증기
   금에서 이중경매 신청하였다.

2. 이중경매 신청사건은 먼저 개시결정한 집행절차에 따라 경매가
   진행된다. 즉 1999. 5. 18에 기술신용보증에서 경매신청하여 개
   시결정한 사건의 집행절차에 따라 진행된다.

3. 본 사건은 등기부에 기재된 최초의 권리가 1997. 12. 23에 기업
   은행에서 신청한 가압류등기이다. 최초의 가압류등기보다 후순
   위인 용익물권이나 가처분·가압류 등은 소제주의에 의해 말소
   된다. 따라서 본 물건은 경매에 의해 경락인에게 부담이 되는 등
   기상 말소되지 않는 권리는 없다.

4. 본 물건에 주민등록이 전입된 강○○은 최초의 가압류보다 선순
   위로 전입이 되어 경락인에게 대항력이 있다. 그러나 강○○은
   확정일자를 받아 놓고 배당신청도 하였으며 소액보증금으로 최

우선 변제를 받을 수 있다.

5. 본 물건에 전입된 조○○는 전소유자로 확인이 되어 정당한 임차인으로 보기 어려우므로 경락인이 염려하지 않아도 된다.

물건분석

1. 위 물건은 경락인이 등기상 인수해야 할 부담이 없고 임차인 강○○도 소액보증금으로 해결될 수 있으므로 명도에도 문제가 없다고 본다.

2. 이 물건은 대지가 27평이며 감정가의 대부분을 차지하고 있다. 현재의 최저경매가로는 투자수익을 기대하기는 어려우나 실수요자라면 입찰에 참여해도 좋은 물건이다.

채무명의에
의한 강제경매

사건번호 물건종별 채권/채무	물건내역 (면적:평방미터)	감정평가액 최저경매가 경매경과	주민등록현황 임대차현황 보증금(단위:만원)	등기부 기재내역
03-0000	서울 동대문구 용두동	288,605,300 184,707,000 (64.0%)	전입 1991. 6. 5 홍○○ (소유자의 아들)	최종소유권이전 83. 4. 15 저당 2000. 8. 18 3,900만 원
단독주택	대지 79.2 (23.96평) 건물 41.06(12.42평) 화장실 8.17(2.47평) 제시외 주택 및 점포 8.25평	유찰 2003. 9. 22	점유 1,500만 원 차○○ 2001년부터 점유	국민은행 경매 2003. 5. 12 성○○ 청구금액 : 35,000,000원
성○○ 홍○○ 홍○○	대지감정 : 279,576,000원 건물감정 : 8,365,300원 제시외 감정 : 664,000원	유찰 2003.10. 20		▶발급일자 : 2003. 9. 6
보증금 : 10% 서울감정 (2003. 5. 19)	목조 세멘기와 ▶신동아아파트 서측인근 ▶등고평탄한 장방형토지 ▶버스정류장 인근 ▶남측8m 도로접함 ▶유류보일러 시설 ▶토지거래허가구역 ▶보존등기 : 1988. 4. 7			

📄 입찰일자 : 2003. 11. 17

경매결과 : 유찰

📄 권리분석

1. 채권자가 성○○로 되어 있으며 채무자 및 소유자는 홍○○으로 채무명의에 의한 강제경매 신청사건이다. 성○○의 청구금액은 3,500만 원이다.

2. 경락에 의해 저당권이나 강제경매 신청기입등기는 모두 말소 된다.

3. 본 물건에 홍○○가 전입되어 있으나 소유자의 아들로 정당한 임차인으로 보기에는 어렵다. 따라서 경매가 정상적으로 진행된 다면 홍○○나 차○○ 모두 경락인에게 부담되지 않는다.

📄 물건분석

1. 경매진행중에 취하될 가능성이 있는 물건이다. 경매신청 채권 자인 성○○의 청구금액이 3,500만 원이며 국민은행 저당권도 설정금액이 3,900만 원으로 실제로 대출금액은 이보다 낮을 것 이다.

2. 소유자는 이 정도의 금액으로 자신의 집이 다른 사람에게 넘어가는 것을 바라지는 않을 것이다. 따라서 경매신청 채권자에게 채무를 상환하든지 연기시키든지 하여 경매신청을 취하할 것이다.

경매가 취하될 가능성이 있는 물건은 입찰하지 않는 것이 좋다.

사례 15(다가구주택)

저당권과 소제주의

사건번호 물건종별 채권/채무	물건내역 (면적:평방미터)	감정평가액 최저경매가 경매경과	주민등록현황 임대차현황 보증금(단위:만원)	등기부 기재내역
03-○○○○○ 다가구 정릉1동 새마을금고 박○○ 박○○ 보증금 : 10% 삼창감정 (2003. 6. 28)	서울 강북구 번동 대지 103.5(31.31평) 건물 1층 57.8(17.48평) 2층 57.8(17.48평) 3층 25.5(7.71평) 지층 57.8(17.48평) 연면적 198.90(60.17평) 대지감정 : 124,200,000원 건물감정 : 77,616,900원 벽돌조 슬라브 ▶번동4거리 남서측인근 ▶정방형토지 ▶버스정류장 인근 ▶남측4m, 북측3m도로접함 ▶도시가스 난방 ▶보존등기 : 1995. 5. 9	201,816,900 161,454,000 (80.0%) 유찰 2003.10. 20	전입 1999. 11. 20 1,600만 원 윤○○ 확정 1999.10. 29 배당 2003. 7. 2 전입 2001. 3. 5 2,700만 원 김○○ 확정 2001. 2. 14 배당 2003. 6. 26 전입 2001. 10. 8 2,000만 원 박○○ 확정 2001. 10. 8 배당 2003. 6. 27 전입 2003. 4. 29 1,500만 원 장○○ 확정 2003. 8. 26 배당 2003. 8. 26 전입 2003. 5. 12 1,400만 원 문○○ 확정 2003. 8. 26 배당 2003. 8. 26	최종소유권이전 95. 5. 9 저당 2000. 8. 21 7,150만 원 정릉1동새마을금고 저당 2003. 2. 10 1억5,000만 원 장○○ 가압 2003. 2. 17 2,000만 원 오○○ 가압 2003. 2. 17 2,935만 원 신용보증기금 가압 2003. 2. 19 667만 원 박○○ 가압 2003. 2. 27 1,916만 원 하나은행 압류 2003. 3. 20 강북구청 가압 2003. 4. 19 416만 원 서울보증보험 임의 2003. 6. 9 정릉1동새마을금고 청구금액 : 55,000,000원 저당가처분 2003. 6. 11 신용보증기금 (장 인 저당가처분) ▶발급일자 : 2003. 10. 2

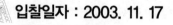 **입찰일자 : 2003. 11. 17**

　경매결과 : 낙찰

　낙찰금액 : 185,100,000원

권리분석

1. 정릉1동 새마을금고가 채권자이며 채무자 및 소유자는 박○○로 채권자가 저당권에 기해 경매신청한 사건이다. 경매신청 청구금액은 5,500만 원이며 경매진행 중에 취하나 변경될 염려는 없다.

2. 최초 저당권 설정일 이후의 가압류나 압류, 저당가처분 등은 소제주의에 의해 모두 말소된다. 따라서 등기상 경락인이 인수할 부담은 없다.

3. 본 물건에 주민등록이 전입된 윤○○은 최초 저당권 설정일 이전에 주민등록이 전입되어 있어 경락인에게 대항력이 있다. 확정일자도 선순위이므로 배당으로 전세보증금을 받을 수도 있다.

4. 나머지 임차인들은 최초 저당권 설정일 이후에 주민등록이 전입되어 있어 경락인에게 대항력을 행사할 수 없으며 확정일자에 따라 배당순위에 의해 전세보증금을 배당받아야 한다.

5. 최초 저당권 설정일이 2000. 8. 21이므로 당시 소액보증금에 대

한 최우선변제는 보증금 3,000만 원 이하일 경우 1,200만 원까지 받을 수 있다. 따라서 모든 임차인들은 소액보증금으로 1,200만 원까지는 배당받을 수 있으며 소액보증금을 초과한 부분은 확정일자에 의한 배당순위에 따라 배당에 참여해야 한다.

물건분석

1. 본 물건에 입찰하려면 대항력있는 임차인 윤○○의 전세보증금 배당여부를 살펴보아야 한다. 현재 윤○○은 배당신청을 하였고 전세보증금도 1,600만 원이므로 소액보증금 최우선변제에 의한 소액보증금과 확정일자에 의해 배당을 받을 경우 경락인은 부담이 없다.

2. 본 물건은 실수요자가 다가구주택을 매입하여 월세수입을 목적으로 임대차하거나 이와 병행하여 거주용으로 사용하기 위하여 입찰에 참여하기에는 괜찮은 물건이다.

경매진행중 변경된 경우

사건번호 물건종별 채권/채무	물건내역 (면적:평방미터)	감정평가액 최저경매가 경매경과	주민등록현황 임대차현황 보증금(단위:만원)	등기부 기재내역

2003-○○○○
 	
다가구주택
 	
안양농협
신○○
 	
보증금 : 10%
장우감정
(2003. 5. 2)
	서울 중랑구 면목동
	
	대지 112 (33.9평)
	건물 1층 21.18-주차장
	1층 7.89-창고
	1층 37.76-주택(방2)
	2층 66.83-주택(방2)
	3층 67.18-주택(방2)
	옥탑 8.28
	
	대지감정 : 143,472,000원
	건물감정 : 116,953,830원
	
	철근콘크리트 조적조
	
	▶사가정역 남동측
	▶다가구용 단독주택
	▶동측, 서측 4m 포장도로
	  접함
	▶도시가스 난방설비
	▶일반주거지역
	
	▶보존등기 : 2001. 3. 14
		260,425,830
		166,673,000
		(64.0%)
		
		유찰
		2003. 8. 18
		
		유찰
		2003. 9. 22
			전입 2000. 4. 6
			  5,800만 원
			  정○○
			확정 2000. 3. 13
			배당 2003. 5. 9
			
			전입 2000. 4. 10
			  3,000만 원
			  오○○
			확정 2000. 4. 10
			배당 2003. 5. 7
			
			전입 2002. 5. 6
			  6,000만 원
			  김○○
			확정 2002. 5. 6
			배당 2003. 5. 14
				최종소유권이전 01. 3. 14
				가압 2003. 3. 21
				  6,126만 원
				  안양농협
				강제 2003. 4. 18
				  안양농협
				청구금액 6,217만 원
				
				▶발급일자 : 2003. 8. 1

입찰일자 : 2003. 10. 20

경매진행 : 변경

권리분석

1. 안양농협이 채권자이며 채무자 및 소유자는 신○○으로 강제경매 신청사건이다. 경매신청 청구금액은 6,217만 원이다.

2. 최초 등기상 설정된 권리는 가압류로 경락에 의해 말소된다.

3. 선순위 임차인이 3명이다. 이들은 모두 경락인에게 대항력을 행사할 수 있다.

물건분석

1. 완전히 맛이 간 경매사건이다. 채무자는 언제든지 경매신청을 변경하거나 취하시키고자 할 것이고 채권자도 역시 채무자의 요구가 있으면 이를 받아들일 수 있기 때문이다.

2. 대항력있는 임차인이 3명이나 있으며 이들의 임차보증금도 매우 많다. 입찰자 입장에서는 전혀 입맛 당기지 않는 물건이다.

저당권과 소제주의

사건번호 물건종별 채권/채무	물건내역 (면적:평방미터)	감정평가액 최저경매가 경매경과	주민등록현황 임대차현황 보증금(단위:만원)	등기부 기재내역
02-○○○○○ 근린주택 뱍○○ 유○○ 유○○ 보증금 : 10% 서울감정 (2002. 8. 22)	서울 도봉구 방학동 대지 190.1 (57.50평) 건물 1층 근린 74.52(22.58평) 보일러실 13.86(4.2평) 2층 주택 88.38(26.78평) 지하실 9.6(2.9평) 대지감정 : 257,395,400원 건물감정 : 50,983,080원 연와조 슬래브위 세멘와즙 ▶방학초등학교 남동측 ▶세장형토지 ▶버스정류장 인근 ▶북측6m 도로접함 ▶도시가스 보일러 난방 ▶일반주거지역 ▶보존등기 : 1983. 9. 8	308,378,480 197,362,220 (64.0%) 유찰 2002.11. 18 유찰 2002.12. 16		최종소유권이전 89. 5. 10 저당 2000. 8. 17 1,950만 원 국민은행 가처 2000. 8. 22 박○○ 강제 2002. 7. 22 박○○ 청구금액 : 50,000,000원 ▶발급일자 : 2002. 11. 1

입찰일자 : 2003. 1. 20

경매결과 : 낙찰

낙찰금액 : 231,300,000원

권리분석

1. 채권자가 박○○로 되어 있으며 채무자 및 소유자는 유○○로 채무명의에 의한 강제경매 신청사건이다.

2. 최초 저당권 설정일 이후의 등기상 권리는 소제주의에 의해 말소된다.

3. 본 물건은 임차인이나 점유자의 신고가 없으므로 경락 후에 경락인이 부담해야할 명도상 어려운 점은 없다.

물건분석

1. 투자수익을 올릴 수 있는 좋은 물건이다. 등기상 권리에 하자가 없으며 명도에도 부담이 없다. 단지 경매진행중 취하될 염려만 없다면 아주 멋진 물건이다.

2. 채무자의 채무상태가 적다고 모두가 다 취하되는 것은 아니다. 경매신청 채권자 입장에서는 채무자가 채무를 변제하거나 밀린

이자를 변제하고 채무를 상환할 능력이 있어야 이를 변경하거나 취하시켜 준다.

따라서 채무자의 채무상환 능력이 없으면 아무리 채무자가 경매신청을 취하시키고 싶어도 경매신청 채권자가 이를 들어주지 않으면 취하가 안된다.

공유자 우선매수신청

사건번호 물건종별 채권/채무	물건내역 (면적:평방미터)	감정평가액 최저경매가 경매경과	주민등록현황 임대차현황 보증금(단위:만원)	등기부 기재내역
2003-○○○○ 2003-○○○○○ 근린주택 기업은행 정○○ 보증금 : 10% 장우감정 (2003. 4. 11)	서울 동대문구 장안동 대지 330.7 (1/2) 건물 1층 147.56 (44.6평) 2층 151.13 (45.7평) 3층 151.13 (45.7평) 4층 151.13 (45.7평) 5층 151.13 (45.7평) 지하 234.9 (71.1평) 제시외 옥탑 18.85(5.7평) ▶건물용도 1층:판매점, 주차장 2층:음식점(현. 창고) 3층:공장. 사무실 4층:사무실 및 창고 5층:주택(방 4) 지층:공장. 창고 (이상 1/2 정○○ 지분) 토지감정: 349,219,200원 건물감정: 197,673,220원 제시외 : 1,885,000원 철근콘크리트 연와조 ▶군자초등학교 북동측인근 ▶주위 주상용 건물 소재 ▶차량출입 가능 ▶일반주거지역 ▶세장형 토지 ▶보존등기 : 1992. 8. 12	548,777,420 351,218,000 (64.0%) 유찰 2003. 8. 18 유찰 2003. 9. 22	정○○ 2001년도 점유 4,500만 원 2층, 4층 전부 (주)○○인더 -스트리 1990년도 점유 보2,000만 원 /월260만원 지층, 3층, 5층 - 전부	최종소유권이전 92. 8. 12 근저 1998. 9. 18 4억5,000만 원 서○○ 외 가압 1998. 12. 5 4,800만 원 곽○○ 가압 1999. 3. 9 2억4,722만 원 기업은행 강제 2003. 3. 31 기업은행 청구금액 2억9,863만 원 임의 2003. 7. 1 이○○ ▶발급일자 : 2003. 8. 1

📋 입찰일자 : 2003. 10. 20

경매결과 : 낙찰

낙찰금액 : 401,800,000원

📋 권리분석

1. 기업은행이 채권자이며 채무자 및 소유자는 정○○으로 본 물건의 지분 1/2에 대해 강제경매 신청하였다. 이 후 이○○이 정○○ 지분에 대해 임의경매를 신청한 이중경매 신청사건이다.

2. 이중경매 신청사건은 먼저 개시결정한 집행절차에 따라 경매가 진행된다. 즉 2003. 3. 31에 기업은행에서 경매신청하여 개시결정한 사건의 집행절차에 따라 진행된다.

3. 최초 근저당권 설정일 이후의 가압류 등은 소제주의에 의해 경락으로 모두 말소된다. 따라서 본 물건은 경매에 의해 경락인에게 부담이 되는 등기상 말소되지 않는 권리는 없다.

4. 본 물건의 임차인 정○○은 경락인에게 대항력이 없다. (주)○○인더스트리도 점유자로 상가건물임대차보호법의 적용이 없으므로 경락으로 인하여 대항력을 행사할 수 없다. 따라서 경락인이 법적으로 명도하는데는 어려움이 없다.

물건분석

1. 본 물건은 대지와 건물 모두 채무자가 전체 지분의 1/2을 소유한 공유 물건으로 공유지분에 대한 경매사건이다.

2. 본 물건은 입찰일인 2003. 10. 20에 3명이 입찰 신청하였다. 그중에서 1인은 본 물건의 공유자로 공유자 우선매수권에 의하여 공유자 우선매수신청을 하였다.

   공유자 우선매수권은 공유자가 경매기일까지 매수신청의 보증을 제공하고 최고매수신고가격과 동일한 가격으로 채무자의 지분을 우선매수할 것을 신고할 수 있는 권한이다. 공유자가 우선매수신고를 한 경우에는 최고가 매수신고인은 차순위 매수신고인으로 본다.

3. 공유자 우선매수신청을 한 물건에 입찰하는 것은 공유자를 위하여 둘러리나 서 준 꼴이된다.

   공유자를 제외한 나머지 입찰자 2명은 입찰가격을 얼마를 쓰든지 공유자가 최고가 매수신고인이 되기 때문에 다른 사람 장가가는데 바람잡이 나선거나 다를 바 없는 결과가 된다.

공장에 대한 경매

사건번호 물건종별 채권/채무	물건내역 (면적:평방미터)	감정평가액 최저경매가 경매경과	주민등록현황 임대차현황 보증금(단위:만원)	등기부 기재내역
03-00000 공장	서울 중랑구 면목동 대지 96.5 (1/3) (9.73평) 고OO 지분)	134,764,400 55,200,000 (40.96%)		저당 2002. 1. 11 1억5,000만 원 문OO 가압 2002. 5. 15
	동소 178-7 대지 132.6 (1/3)(13.37평) 고OO 지분)	유찰 2003.11. 24		686만 원 제일은행 가압 2002. 8. 1
홍OO 고OO 고OO 외 2	건물 114.71 (34.7평) (건물입찰지분 1/3 고OO 지분) 제시외 사무실,숙소,창고 12 제시외 화장실 0.6	유찰 2003.12. 22		419만 원 서울보증보험 가압 2002. 8. 14 635만 원
보증금 : 10% 가람감정 (2003.10. 16)	제시외 작업장 11.1 제시외 야적장, 통로 13.8 대지감정 : 126,010,500원 건물감정 : 4,206,400원 제시외 감정 : 4,547,500원 (고OO,고OO,김OO 소유) 벽돌조 평슬래브	유찰 2004. 1. 26 유찰 2004. 2. 23		서울은행 강제 2003. 7. 9 홍OO 청구금액 : 7,843,156원 강제 2003. 8. 2 배OO외 3
	▶중랑초등교 남동측 인근 ▶2필일단의 세장형 토지 ▶버스정류장 인근 ▶서측5m 도로접함 ▶2종 일반주거지역 ▶보존등기 : 1986. 4. 11			▶발급일자 : 2003. 11. 6

경매결과 : 낙찰

낙찰금액 : 65,500,000원

🗐 권리분석

1. 채권자가 홍○○이며 채무자는 고○○이고 소유자는 고○○, 고 ○○, 김○○ 3인 공유물에 대한 강제경매 신청사건이다.

2. 최초 저당권 설정이 2002. 1. 11에 되어 있으며 저당권 설정일 이후의 가압류 등은 소제주의에 의해 모두 말소된다.

3. 이 사건은 홍○○이 강제경매 신청한 후에 배○○ 외 3인이 강제 경매 신청한 이중경매 신청사건이다. 이중경매 신청사건은 먼저 개시결정한 집행 절차에 따라 경매가 진행된다. 이중경매 신청 사건은 선행사건이 경매취하가 되더라도 후행사건으로 경매가 속행됨으로 단독경매 신청사건에 비해 경락 후 취하될 여지가 상대적으로 적다.

4. 본 사건은 공장에 대한 경매사건이다. 또한 대지와 건물 각 1/3 에 대한 지분경매 사건이다. 따라서 본 사건의 경락자는 전체지 분 중에서 1/3에 대한 권리만 취득한다.

5. 공장의 경우 낙찰받은 공장 내에 폐기물이 있다면 이에 대한 처

리는 낙찰자의 부담이 되므로 이에 대한 조사가 필요하다.

물건분석

1. 위 물건은 중랑구 면목동에 있는 공장으로 대지와 건물이 고○○, 고○○, 김○○ 3인 공유물건이다. 그 중에서 고○○ 지분인 대지와 건물 각 1/3에 대한 경매물건이다.

2. 경락으로 인해 등기상 경락인이 인수해야 하는 부담은 없다. 또한 최저경매가격도 공유지분이라는 핸디캡이 있지만 충분히 매력이 있는 금액이다.

3. 공장을 공동으로 운영할 자신만 있으면 적극적으로 입찰에 참가하여 경락받아도 좋은 물건이다.

이중경매 신청사건

사건번호 물건종별 채권/채무	물건내역 (면적:평방미터)	감정평가액 최저경매가 경매경과	주민등록현황 임대차현황 보증금(단위:만원)	등기부 기재내역
2003-○○○○○ 2003-○○○○○ 공장 국민은행 성○○ 성○○ ▶일괄입찰 보증금 : 10% JH감정 (2003. 9. 8)	경기도 양주시 남면 상수리 공장용지 1,654 (500평) 건물 (가동) 　1층 공장 406.35 　2층 사무실 58.05 　1층 공장 74.2 　2층 사무실 74.2 (나동) 　1층 공장 16.5 　지층 공장 297.5 (제시외 건물. 기타) 　창고 32 　기계기구 17점 　도로 589 공장용지 : 161,003,000원 건물감정 : 323,781,300원 제시외 : 1,920,000원 기계기구 : 316,240,000원 철근콘크리트조 슬레이트 ▶상수초등교 남동측 ▶부정형 토지 ▶북측, 서측 5m 도로접함 ▶관리지역 ▶보존등기 : 1993. 10. 23	802,944,300 411,107,000 (51.20%) 유찰 2004. 4. 22 유찰 2004. 5. 27 유찰 2004. 7. 1		저당 2002. 5. 23 　5억8,500만 원 　국민은행 저당 2002. 8. 30 　2,600만 원 　국민은행 가압 2002. 11. 8 　1,714만 원 　김○○ 가압 2002. 11. 26 　5,312만 원 　이○○ 가압 2002. 12. 14 　2,178만 원 　김○○ 가압 2003. 4. 7 　2,550만 원 　신용보증기금 가압 2003. 6. 11 　2,550만 원 　기술신용보증 임의 2003. 9. 6 　국민은행 청구금액: 507,897,832원 강제 2003. 11. 20 　황○○ ▶발급일자 : 2004. 4. 7

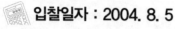 **입찰일자 : 2004. 8. 5**

경매결과 : 낙찰

낙찰금액 : 415,190,000원

권리분석

1. 이 사건은 채권자가 국민은행이며 채무자 및 소유자는 성○○이
   다. 국민은행에서 임의경매 신청한 후에 황○○이 강제경매 신청
   한 이중경매 사건이다. 국민은행의 청구금액은 금 507,897,832
   원으로 경매진행 중 변경이나 취하될 염려는 없다.

2. 최초 저당권 설정이 2002. 5. 23에 되어 있으며 저당권 설정일
   이후의 가압류 등은 소제주의에 의해 말소된다. 따라서 이 사건
   은 경락에 의해 낙찰인이 인수할 등기상 하자는 없다.

3. 공장의 경우 낙찰받은 공장 내에 폐기물이 있다면 이에 대한 처
   리는 낙찰자의 부담 되므로 이에 대한 조사는 필요하다.

물건분석

1. 다른 사람이 낙찰받지나 않을까 걱정하는 정말 탐스러운 물건이
   다. 공장의 경우 새로운 땅을 매입하여 공장을 지으려면 공장허
   가와 공장건축에 많은 시간과 비용이 필요하다. 또한 기계기구

의 구입과 이를 가동하고 완제품을 만들어 이의 판로를 개척하기까지는 많은 투자가 필요하다.

2. 이 물건은 즉시 가동할 수 있는 공장이고 경락인이 부담할 등기상 하자도 없다. 가격 또한 시세의 절반 가까운 금액으로 공장을 인수할 수 있으니 얼마나 좋은 물건인가! 낙찰받는 순간에 3-4억 원의 투자수익이 날 수 있는 경매의 메리트가 한껏 있는 물건이다.

3. 다만 공장경매의 경우 기계기구에 대한 분실, 소실 기타 하자가 있을 경우 경락자는 손실을 감수해야 한다. 위 물건의 경우 기계기구가 17점에 3억1,624만 원이다.

   고가의 기계기구이므로 이들이 소실되지 않은지와 관리상태를 점검할 필요가 있다. 기계기구의 보존과 관리상태만 양호하다면 다른 사람이 가로채기 전에 즉 따끈따끈할 때 낙찰받는 것이 좋다.

사례 21(상가건물)

상가건물에 대한 일괄경매

사건번호 물건종별 채권/채무	물건내역 (면적:평방미터)	감정평가액 최저경매가 경매경과	주민등록현황 임대차현황 보증금(단위:만원)	등기부 기재내역
2003-○○○○○ 상 가 국민은행 이○○ 이○○ ▶일괄입찰 보증금 : 10% 다우감정 (2003.12. 12)	경기도 양주시 백석읍 기산리 대지 691 (209평) 동소 395 대지 307 (93평) 동소 394, 395 위지상 건물 1층 83.84 (25.36평) 2층 66 (19.97평) 지하실 66 (19.97평) 제시외 건물 14.46(4.37평) 대지(394호) : 310,950,000 대지(395호) : 138,150,000 건물감정 : 407,970,260 제시외 : 3,823,920 ▶목조건물 ▶기산저수지 서측인근 ▶남동측 10M, 북동측 3M 비 포장도로 접함 ▶버스정류장 인근 ▶북측6m 도로접함 ▶관리지역 ▶보존등기 : 1998. 4. 17	860,894,180 440,778,000 (51.20%) 유찰 2004. 4. 22 유찰 2004. 5. 27 유찰 2004. 7. 1	전입 2003. 8. 1 1,000만 원 김○○ 주거용(지하방 1) 확정 2003. 8. 1 배당 2004. 3. 23 전입 2003. 8. 21 3,000만 원 김○○ 점포 확정 2003. 8. 1 배당 2004. 3. 23 전입 2003. 8. 1 1,000만 원 김○○ 확정 2003. 8. 1 배당 2004. 3. 23 전입 2003. 8. 1 200만 원 한○○ 확정 2003. 8. 1 배당 2004. 3. 23	저당 2001. 11.19 62,500만 원 국민은행 저당 2002. 5. 24 7,800만 원 국민은행 가압 2002. 12. 20 1,093만 원 한○○ 가압 2002. 12. 31 3,895만 원 백석농협 가압 2003. 1. 27 5,000만 원 이○○ 가압 2003. 2. 3 2,580만원 김○○ 가압 2003. 5. 27 1,579만 원 양주신협 압류 2003. 12. 1 의정부세무서 임의 2003. 12. 12 국민은행 청구금액 : 589,997,378 가압 2004. 3. 18 383만 원 양주신협 ▶발급일자 : 2004. 4. 71

입찰일자 : 2004. 8. 5

　경매결과 : 낙찰
　낙찰금액 : 501,500,000원

권리분석

1. 경매신청 채권자가 국민은행이고 채무자 및 소유자는 이○○으로 저당권에 기한 임의경매 신청사건이다.

2. 최초 저당권 설정이 2001. 11. 19에 되어 있으며 저당권 설정일 이후의 등기상 권리는 소제주의에 의해 말소된다. 따라서 본 물건상의 등기상 권리는 모두 말소촉탁의 대상이며 경매에 의해 경락인에게 부담이 되는 등기상 말소되지 않는 권리는 없다.

3. 본 물건은 임차인으로 3명이 신고되어 있다. 이들은 모두 최초의 저당권 설정일 이후에 전입하여 경락인에게 대항력이 없다. 따라서 경락인이 법적으로 명도하는 데는 어려움이 없다.

물건분석

1. 서울 근교에서 상가영업을 하기에는 괜찮은 물건이다. 경락인은 등기상 부담도 없으며 명도에도 문제가 없다. 최저입찰가격도 감정가격의 절반정도이므로 비싸지 않다.

2. 상가건물은 입찰목적을 영업이익을 올리고자 할 것인가 아니면 임대수익을 목적으로 할 것인가를 분명히 해야 한다. 본 물건은 임대수익용으로는 적합하지 않다고 본다.

　다만 시세에 비해 입찰가격이 싸므로 시세차익을 목적으로 하는 투자수익이나 영업이익을 목적으로 낙찰받고자 할 경우에는 적당한 물건이다.

사례 22(대지아파트)

지상에 건물이 있는 대지

사건번호 물건종별 채권/채무	물건내역 (면적:평방미터)	감정평가액 최저경매가 경매경과	주민등록현황 임대차현황 보증금(단위:만원)	등기부 기재내역
2003-○○○○ 일괄경매 대 지 경주신협 남○○ 최○○ 보증금 : 10% 제일감정 (2003. 6. 10)	서울 노원구 상계동 대지 62 (18.76평) 입찰외 건물소재 (법정지상권 성립여지 있음) ▶일반주거지역 서울시 노원구 상계동 대지 31 / 117 (9.38평) 최○○ 지분 입찰외 건물소재 (법정지상권 성립여지 있음) ▶일반주거지역 ▶무허가 단독주택 1동 및 점포 1동 소재 ▶환지예정지 : 12블럭 11롯트 ▶상계2구역 주택재개발 사업지구내 위치 ▶남서측 20m도로 접합	344,100,000 275,280,000 (80.0%) 유찰 2003. 9. 29	김○○ 2002. 4월부터 점유 보2,000만 원 /월155원 ▶상계동 약15평 점유 정○○ 2002. 10월부터 점유 보 500만 원 /월 25원 ▶상계동 ○○○ 방 2칸 점유	저당 2002. 3. 28 3억5,000만 원 경주신협 임의 2003. 4. 29 경주신협 청구금액 2,444,999,863원 ▶발급일자 : 2003. 9. 15

📄 **입찰일자 : 2003. 10. 27**

　　경매결과 : 낙찰

　　낙찰금액 : 276,000,000원

📄 **권리분석**

1. 본 사건에서 상계동 ○○번지는 최○○의 단독소유로 되어 있으며 상계동 ○○번지는 최○○이 지분소유권을 갖고 있는 물건이다. 경주신협이 채권자이며 채무자는 남○○이고 소유자는 최○○으로 되어 있다.

2. 최초 저당권 설정일 이후의 등기상 권리는 소제주의에 의해 경락으로 모두 말소된다. 따라서 경락자가 등기상 인수해야 할 부담은 없다.

3. 본 사건은 대지에 대한 경매사건이다. 본 물건상에 건물이 소재하고 있으므로 경락으로 인하여 소유자가 다를 경우 건물소유자에게 법정지상권이 성립할 여지가 있다. 법정지상권이란 토지와 그 지상의 건물이 동일한 소유자였으나 어떤 사정으로 인하여 이들 토지와 그 지상건물의 소유자가 다르게 될 때에 건물소유자에게 법률상 인정하는 권리를 말한다. 민법 제366조는 저당물의 경매로 인해 토지와 그 지상건물이 다른 소유자에 속한 경우에는 토지소유자는 건물소유자에 대해 지상권을 설정한 것으로

본다고 규정하고 있다.

4. 본 사건의 경우에도 경락인은 건물소유자에게 법정지상권이 성립될 여지가 있으므로 주의해야 한다. 다만 본 물건은 주택재개발사업지구내에 위치하므로 재개발사업으로 인한 토지분에 대하여 조합원 자격을 취득 할 수 있으므로 이에 대한 조사를 해야 한다.

5. 본 물건에는 점유자 2명이 있다. 이들은 경락인에게 대항력이 없으므로 경락인이 명도하는데 어려움은 없다.

물건분석

1. 본 물건은 교차로에 있는 신호등 중에서 노랑불과 같이 유의해야할 물건이다. 왜냐하면 법정지상권의 성립여지가 있으므로 입찰에서 배제해야 할 물건이나 한편으로는 상계 2구역 주택재개발사업지구 내에 위치하고 있어 재개발사업으로 인한 투자수익이 발생할 여지가 있는 물건이기 때 문이다.

2. 이 물건에 입찰하고자 하면 지상 건물소유자에 대한 내용을 잘 알고 있어 법정지상권에 대한 염려가 없거나 또는 주택재개발사업에 대한 기대로 대지에 대하여 투자를 하고자 하면 입찰해도 좋을 것이다. 다만, 재개발사업의 진척속도와 투자수익을 고려하여 판단해야 한다.

농지취득자격증명이
필요한 전

사건번호 물건종별 채권/채무	물건내역 (면적:평방미터)	감정평가액 최저경매가 경매경과	주민등록현황 임대차현황 보증금(단위:만원)	등기부 기재내역

2003-○○○○○
 	
전
 	
철원농협
김○○
김○○
 	
보증금 : 20%
가람감정
(2004. 3. 20)
	강원도 철원군 철원읍
	대마리
	
	전 10,503 (3,177평)
	
	▶농취증 필요
	
	▶농림지역
	▶묘장초등교 남서측
	  원거리
	▶기존주택, 농경지, 임야등
	  혼재
	▶차량출입 불가능
	▶경운기 접근가능
	▶북동측 3-4m 비포장도로
	  접합
		68,269,500
		68,269,500
		(100%)
		
		낙찰
		2004. 5. 27
				저당 1997. 3. 10
				  1억 원
				  철원농협
				저당 1997. 12. 29
				  1억 원
				  철원농협
				가압 1998. 5. 30
				  2억 원
				  현대자동차
				가압 2000. 11. 7
				  2,000만 원
				  철원신협
				압류 2002. 1. 30
				  의정부세무서
				가압 2002. 9. 9
				  7,480만 원
				  대우종합
				압류 2002. 11. 12
				  철원군
				가압 2002. 11. 16
				  1,944만 원
				  서울보증보험
				가압 2003. 1. 11
				  987만 원
				  서울보증보험
				임의 2003. 12. 31
				  철원농협
				청구금액 : 1억 원
				가압 2004. 3. 31
				  587만 원
				  서울보증보험
				
				▶발급일자 : 2004. 5. 12

입찰일자 : 2004. 8. 5

경매결과 : 낙찰
낙찰금액 : 93,000,000원

권리분석

1. 채권자는 철원농협이고 채무자는 김○○이며 소유자는 김○○이다. 경매신청 청구금액은 1억 원이며 저당권에 기한 임의경매 신청사건이다.

2. 최초 저당권 설정일 이후의 가압류나 압류 등은 소제주의에 의해 말소된다. 따라서 본 물건상의 등기상 권리는 모두 말소촉탁의 대상이며 경락인에게 부담이 되는 등기상 말소되지 않는 권리는 없다.

3. 소유권 이전에 농지취득자격증명이 요구되는 농지의 경우에는 최고가 매수신고인으로 결정된 후 매각결정기일까지 농지취득자격증명을 제출하여야 매각이 허가된다. 단 도시계획확인원 등에 의해 농지취득자격증명이 필요하지 않음이 소명된 경우에는 매각이 허가될 수 있다.

4. 농지법상 농지취득자격증명을 제출해야 하는 최고가매수신고인이 매각 결정기일까지 농지취득자격증명을 제출하지 아니함으

로써 매각이 불허가 될 때에는 매수신청보증금을 반환하지 않고 이를 배당재단에 산입한다.

5. 농지법 제8조에 의하면 농지를 취득하고자 하는 자는 농지의 소재지를 관할하는 시장, 구청장, 읍장, 면장으로부터 농지취득자격증명을 발급받아야 한다. 농지취득자격증명을 발급받고자 하는 자는 농업경영계획서를 작성하여 농지의 소재지를 관할하는 농지관리위원회 위원 2인 이상의 확인을 받아 시, 구, 읍, 면장에게 그 발급을 신청해야 한다.

물건분석

1. 위 물건은 전회에 낙찰되었던 물건이다. 아마도 전회 경락인이 경락대금을 납부하지 않았거나 아니면 매각결정기일까지 농지취득자격증명을 제출하지 못하였거나 등의 사유로 금번에 재경매로 나와서 입찰보증금 20%에서 경매가 진행된다

2. 수도권의 농지나 임야는 감정가격 이상으로 낙찰되는 경우가 많다. 현장조사와 시세분석을 하여 투자수익이 있는 좋은 물건이면 유찰을 기다리지 말고 최초의 경매기일에 입찰해야 낙찰받을 수 있다. 이 물건도 농지취득자격증명을 받을 수 있다면 입찰해도 좋은 물건이다.

농지취득자격증명이
필요한 답

사건번호 물건종별 채권/채무	물건내역 (면적:평방미터)	감정평가액 최저경매가 경매경과	주민등록현황 임대차현황 보증금(단위:만원)	등기부 기재내역
2004-○○○○	강원도 철원군 철원읍 산명리	33,832,800 33,832,800 (100%)		소유 1986. 12. 6 김○○ 저당 1989. 2. 22 1,200만 원 철원농협
철원농협	답 3,765 (1,139평) (현황 : 일부 전)			저당 1994. 11. 14 6,000만 원 철원농협
김○○ 김○○	동소 1540-1 답 5 (2평) (현황 : 일부 전)			가압 1998. 10. 26 1,035만 원 대우할부금융
▶물건번호 ② ▶일괄입찰	동소 1547			임의 2004. 2. 23 철원농협 청구금액 : 7,200만 원
보증금 : 10%	답 802 (243평) ▶농취증 필요			▶발급일자: 2004. 7. 21

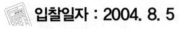**입찰일자 : 2004. 8. 5**

경매결과 : 낙찰

낙찰금액 : 41,880,000원

권리분석

1. 채권자는 철원농협이고 채무자 및 소유자는 김○○으로 되어 있다. 철원농협에서 김○○ 소유의 부동산을 여러개 임의경매 신청한 것으로 본 물건은 물건번호 ②번이다. 채권자가 여러 물건을 동시에 경매신청할 경우 물건번호가 다르면 물건 번호마다 입찰에 부쳐진다. 이 때 입찰표는 물건마다 작성해야 하고 사건번호와 물건번호를 동시에 기재해야 한다.

2. 최초 저당권 설정일 이후의 가압류 등은 소제주의에 의해 말소된다. 따라서 본 물건상의 등기상 권리는 모두 말소촉탁의 대상이며 경락인에게 부담이 되는 등기상 말소되지 않는 권리는 없다.

3. 소유권이전에 농지취득자격증명이 요구되는 농지의 경우에는 최고가 매수신고인으로 결정된 후 매각결정기일까지 농지취득자격증명을 제출해야 매각이 허가된다.

4. 농지법상 농지취득자격증명을 제출해야 하는 최고가매수신고인

이 매각 결정기일까지 농지취득자격증명을 제출하지 아니함으로써 매각이 불허가 될 때에는 매수신청보증금을 반환하지 않고 이를 배당재단에 산입한다.

물건분석

1. 위 물건은 지목은 '답'이고 현황은 일부 '전'으로 되어 있으며 3 필지를 일괄입찰에 부쳐지고 있다. 경매로 인하여 경락인이 등 기상 인수할 부담이 없으므로 감정가격 이상이라도 현지 시세보다 싼 값이라면 입찰해도 된다.

2. 실수요자라면 적극적으로 입찰해도 좋다. 실수요자가 아닌 투자자라면 농지취득자격증명을 받을 수 있는지 알아보아야 한다. 그리고 투자수익이 있다면 입찰해도 좋은 물건이다.

사례 25(임야)

시세이하
전원주택 예정부지

사건번호 물건종별 채권/채무	물건내역 (면적:평방미터)	감정평가액 최저경매가 경매경과	주민등록현황 임대차현황 보증금(단위:만원)	등기부 기재내역
2003-○○○○○ 임야 와부새마을 정○○ 정○○ 보증금 : 10% 한국감정 (2003.12. 29)	경기도 가평군 상면 항사리 임야 5,322 (1,610평) (현황 : 잡종지) ▶전원주택 예정부지 ▶북서향 경사지를 계단식 석축으로 조성한 5개의 전원주택 예정부지 ▶관리지역, 일부 농림지역 ▶별말남동측 인근 ▶차량출입 가능 ▶교통사정 보통 ▶서측 및 북측 4-5M 비포 장도로 접함	372,540,000 190,741,000 (51.20%) 유찰 2004. 4. 27 유찰 2004. 6. 1 유찰 2004. 7. 6		소유 2002. 10. 24 정○○ 저당 2002. 10. 24 1억8,000만 원 와부새마을금고 저당 2003. 2. 10 4,500만 원 와부새마을금고 지상 2003. 2. 13 30년 와부새마을금고 압류 2003. 4. 30 성남세무서 압류 2003. 5. 16 가평군 저당 2003. 7. 8 6,500만 원 장○○ 압류 2003. 11. 11 강동세무서 임의 2003. 12. 6 와부새마을금고 청구금액: 129,849,780원 압류 2003. 12. 19 강동구 압류 2004. 1. 31 은평구 ▶발급일자 : 2004. 4. 12

입찰일자 : 2004. 8. 4

경매결과 : 낙찰
낙찰금액 : 223,800,000원

권리분석

1. 채권자가 와부새마을금고이고 채무자 및 소유자는 정○○이다. 경매신청 청구금액은 금 129,849,780원이고 저당권에 기한 임의경매 신청사건이다.

2. 최초 저당권 설정이 2002. 10. 24에 되어 있으며 저당권 설정 이후의 지상권이나 압류 등은 소제주의에 의해 말소된다. 따라서 본 물건상의 등기상 권리는 모두 말소촉탁의 대상이며 경락인에게 부담이 되는 등기상 말소되지 않는 권리는 없다.

3. 임야를 경매로 취득할 경우 토지거래허가를 받지 않아도 된다. 또한 이 물건은 전원주택 예정부지로 경락 후 명도에도 문제가 없다.

물건분석

1. 진흙 속에 숨어 반짝반짝 빛나는 진주와 같이 찾아보기 힘든 보물이다. 이 물건은 경기도 가평군 상면에 있는 임야로 현재 전원

주택 예정부지로 조성되어 있다. 권리에 문제가 없는 이러한 전원주택 예정부지를 시세의 절반 가까운 가격에 취득할 수 있다는 것이 바로 경매의 매력이다.

2. 수도권에 있는 전원주택 예정부지로 토지 매입비와 전원주택부지 조성 비용을 감안하고 주변시세를 비교해도 경락받는 순간에 시세차익이 발생한다.

　이 물건을 경락받은 후에 전원주택지 상태로 다시 팔아도 좋고 전원 주택을 건축하여 분양하면 더욱 투자수익을 높일 수 있는 멋진 물건이다.

부록편

법원경매 절차표

경 매 신 청 ── 경매비용 예납
경매개시결정 ── 경매신청 각하, 경매신청 취하

── 경매개시결정 이의신청 ── 경매집행정지
즉시항고

경매개시결정에 대한 등기촉탁

결정서 송달 ── 채권계산서 제출 최고

물건현황조사

감 정 평 가

최저경매가격결정 ── 매수신청
잉여가 없을 경우 경매취소

물건명세서 작성

경매기일, 경락기일 지정·공고

입 찰 실 시

낙찰허가 결정

── 낙찰불허가 결정
즉시항고

경락대금 납부

소유권이전등기 촉탁

부동산 인도명령

경락대금의 배당 ── 배당조서의 작성

⬤⬤⬤⬤⬤⬤ 인터넷 공매입찰 절차표 ⬤⬤⬤⬤⬤

| 온비드 회원가입 | 응찰전 현지답사, 공부열람 등 물건현황 파악 |

| 공인인증서 등록 | 물건별 부대조건, 입찰참가자 준수사항,
입찰방법 확인 입찰서 기재 |

입찰대상 물건확인

| 인터넷입찰서 작성 | 물건별 부대조건, 입찰참가자 준수사항,
입찰방법 확인 입찰서 기재 |

인터넷입찰서 제출

| 입찰보증금 납부 | 물건별 부대조건, 입찰참가자 준수사항,
입찰방법 확인 입찰서 기재 |

| 낙찰자 결정 | 물건별 부대조건, 입찰참가자 준수사항,
입찰방법 확인 입찰서 기재 |

입찰 종료

⬤⬤⬤⬤⬤ 배 당 순 위 표 ⬤⬤⬤⬤⬤

일반적인 배당순위를 살펴보면 다음과 같다

제 1순위
- 주택임대차보호법상의 소액보증금
- 상가건물임대차보호법상의 소액보증금

－최종 3개월 분의 임금과 최종 3년 간의 퇴직금 및 재해보상금

제 2순위
－당해세

제 3순위
－저당권, 전세권, 담보가등기에 의하여 담보된 채권
－대항요건과 확정일자를 갖춘 임차인의 임차보증금
－당해세를 제외한 국세, 지방세
　단 저당권 등의 등기설정일과 임차인의 확정일자 요건구비일 및 조세의 법정기일 또는 납세의무성립일 등의 선후를 따져 정한다.

제 4순위
－위 임금채권을 제외한 임금채권

제 5순위
－법정기준일이 저당권, 전세권, 질권 설정일보다 늦은 국세, 지방세 등 지방자치단체의 징수금

제 6순위
－국민건강보험법, 산업재해보상보험법 및 국민연금법에 의한 보험료, 기타 공과금
　단, 국민건강보험법, 산업재해보상보험법, 국민연금법에 의한 보험료의 납부기한이 저당권, 전세권 등의 설정등기일보다 선순위일 경우에는 이들 보험료는 저당권 등에 의하여 담보된 채권보다 우선하여 배당받을 수 있다.

제 7순위
－일반 채권

일반적인 배당순위는 위와 같으나 구체적인 배당순위 및 배당금액은 배당표 작성이 완료된 후에야 알 수 있다. 배당에 대한 이의가 있을 경우에는 배당표에 대한 이의신청이나 배당이의의 소를 제기 할 수 있다.

소액보증금의 최우선변제금액

주택임대차보호법상의 소액보증금과 최우선변제금액

선순위 담보물권 설정기준일	지 역	계약금액	우선변제금액
1984. 1. 1일 이전	최우선하여 변제되는 소액보증금 없음		
1984. 1. 1일 ~ 1987. 11. 30일 까지	서울 광역시	300만원	300만원
	기타지역	200만원	200만원
1987. 12. 1일 ~ 1990. 2. 18일 까지	서울 광역시	500만원	500만원
	기타지역	400만원	400만원
1990. 2. 19일 ~ 1995. 10. 18일 까지	서울 광역시	2,000만원	700만원
	기타지역	1,500만원	500만원
1995. 10. 19일 ~ 2001. 9. 14일 까지	서울 광역시	3,000만원	1,200만원
	기타지역	2,000만원	800만원
2001. 9. 15일 ~ 현재까지	수도권	4,000만원	1,600만원
	광역시	3,500만원	1,400만원
	기타지역	3,000만원	1,200만원

상가건물입대차보호법상의 소액보증금과 최우선변제금액

선순위 담보물권 설정기준일	지 역	계약금액	우선변제금액
2002. 11. 1일 이전	최우선하여 변제되는 소액보증금 없음		
2002. 11. 1일 ~ 현재까지	서울 광역시	4,500만원	1,350만원
	수도권 중 과밀억제권역	3,900만원	1,170만원
	광역시(군지역 ·인천제외)	3,000만원	900만원
	기타지역	2,500만원	750만원

주택임대차보호법

[일부개정 2002.1.26 법률 제06627호]

제1조 (목적) 이 법은 주거용건물의 임대차에 관하여 민법에 대한 특례를 규정함으로써 국민의 주거생활의 안정을 보장함을 목적으로 한다.

제2조 (적용범위) 이 법은 주거용건물(이하 "주택"이라 한다)의 전부 또는 일부의 임대차에 관하여 이를 적용한다. 그 임차주택의 일부가 주거외의 목적으로 사용되는 경우에도 또한 같다. 〈개정 1983.12.30〉

제3조 (대항력등) ①임대차는 그 등기가 없는 경우에도 임차인이 주택의 인도와 주민등록을 마친 때에는 그 익일부터 제3자에 대하여 효력이 생긴다. 이 경우 전입신고를 한 때에 주민등록이 된 것으로 본다.

②임차주택의 양수인(기타 임대할 권리를 승계한 자를 포함한다)은 임대인의 지위를 승계한 것으로 본다. 〈신설 1983.12.30〉

③민법 제575조 제1항·제3항 및 제578조의 규정은 이 법에 의하여 임대차의 목적이 된 주택이 매매 또는 경매의 목적물이 된 경우에 이를 준용한다.

④민법 제536조의 규정은 제3항의 경우에 이를 준용한다. 〈개정 1983.12.30〉

제3조의2 (보증금의 회수) ①임차인이 임차주택에 대하여 보증금반환청구소송의 확정판결 기타 이에 준하는 집행권원에 기한 경매를 신청하는 경우에는 민사집행법 제41조의 규정에 불구하고 반대의무의 이행 또는 이행의 제공을 집행개시의 요건으로 하지 아니한다. 〈신설 1999.1.21, 2002.1.26〉

②제3조 제1항의 대항요건과 임대차계약증서상의 확정일자를 갖춘 임차인은 민사집행법에 의한 경매 또는 국세징수법에 의한 공매시 임차주택(대지를 포함한다)의 환가대금에서 후순위권리자 기타 채권자보다 우선하여 보증금을 변제받을 권리가 있다. 〈개정 1997.12.13, 1999.1.21, 2002.1.26〉

③임차인은 임차주택을 양수인에게 인도하지 아니하면 제2항의 규정에 의한 보증금을 수령할 수 없다. 〈개정 1999.1.21〉

④제2항의 규정에 의한 우선변제의 순위와 보증금에 대하여 이의가 있는 이해관계인은 경매법원 또는 체납처분청에 이의를 신청할 수 있다. 〈개정 1999.1.21〉

⑤민사집행법 제152조 내지 제161조의 규정은 제4항의 규정에 의하여 경매 법원에 이의를 신청하는 경우에 이를 준용한다. 〈개정 1999.1.21, 2002.1.26〉

⑥제4항의 규정에 의하여 이의신청을 받은 체납처분청은 이해관계인이 이의 신청일부터 7일 이내에 임차인을 상대로 소를 제기한 것을 증명한 때에는 당해 소송의 종결시까지 이의가 신청된 범위안에서 임차인에 대한 보증금의 변제를 유보하고 잔여금액을 배분하여야 한다. 이 경우 유보된 보증금은 소송의 결과에 따라 배분한다. 〈개정 1999.1.21〉

[본조신설 1989.12.30]

제3조의3 (임차권등기명령) ①임대차가 종료된 후 보증금을 반환받지 못한 임차인은 임차주택의 소재

지를 관할하는 지방법원·지방법원지원 또는 시·군 법원에 임차권등기명령을 신청할 수 있다.

②임차권등기명령의 신청에는 다음 각호의 사항을 기재하여야 하며, 신청의 이유 및 임차권 등기의 원인이 된 사실은 이를 소명하여야 한다.

1. 신청의 취지 및 이유
2. 임대차의 목적인 주택(임대차의 목적이 주택의 일부분인 경우에는 그 도면을 첨부한다)
3. 임차권등기의 원인이 된 사실(임차인이 제3조 제1항의 규정에 의한 대항력을 취득하였거나 제3조의 2 제2항의 규정에 의한 우선변제권을 취득한 경우에는 그 사실)
4. 기타 대법원규칙이 정하는 사항

③민사집행법 제280조 제1항, 제281조, 제283조, 제285조, 제286조, 제288 조 제1항·제2항·제3항 전단, 제289조 제1항 내지 제4항, 제290조 제2항중 제288조 제1항에 대한 부분, 제291조, 제293조의 규정은 임차권등기명령의 신청에 대한 재판, 임차권 등기명령의 결정에 대한 임대인의 이의신청 및 그에 대한 재판, 임차권등기명령의 취소신청 및 그에 대한 재판 또는 임차권등기명령의 집행 등에 관하여 이를 준용한다. 이 경우 "가압류"는 "임차권등기"로, "채권자"는 "임차인"으로, "채무자"는 "임대인"으로 본다. 〈개정 2002.1.26〉

④임차권등기명령신청을 기각하는 결정에 대하여 임차인은 항고할 수 있다.

⑤임차권등기명령의 집행에 의한 임차권등기가 경료되면 임차인은 제3조 제1항의 규정에 의한 대항력 및 제3조의 2 제2항의 규정에 의한 우선변제권을 취득한다. 다만, 임차인이 임차권등기이전에 이미 대항력 또는 우선변제권을 취득한 경우에는 그 대항력 또는 우선변제권은 그대로 유지되며, 임차권등기이후에는 제3조 제1항의 대항요건을 상실하더라도 이미 취득한 대항력 또는 우선변제권을 상실하지 아니한다.

⑥임차권등기명령의 집행에 의한 임차권등기가 경료된 주택(임대차의 목적이 주택의 일부분인 경우에는 해당부분에 한한다)을 그 이후에 임차한 임차인은 제8조의 규정에 의한 우선변제를 받을 권리가 없다.

⑦임차권등기의 촉탁, 등기공무원의 임차권등기 기입 등 임차권등기명령의 시 행에 관하여 필요한 사항은 대법원규칙으로 정한다.

⑧임차인은 제1항의 규정에 의한 임차권등기명령의 신청 및 그에 따른 임차권등기와 관련하여 소요된 비용을 임대인에게 청구할 수 있다.
[본조신설 1999.1.21]

제3조의4 (민법의 규정에 의한 주택임대차등기의 효력등) ①제3조의 3 제5항 및 제6항의 규정은 민법 제621조의 규정에 의한 주택임대차등기의 효력에 관하여 이를 준용한다.

②임차인이 대항력 또는 우선변제권을 갖추고 민법 제621조 제1항의 규정에 의하여 임대인의 협력을 얻어 임대차등기를 신청하는 경우에는 신청서에 부동산등기법 제156조에 규정된 사항외에 다음 각호의 사항을 기재하여야 하며, 이를 증명할 수 있는 서면(임대차의 목적이 주택의 일부분인 경우에는 해당부분의 도면을 포함한다)을 첨부하여야 한다.

1. 주민등록을 마친 날
2. 임차주택을 점유한 날
3. 임대차계약증서상의 확정일자를 받은 날

[본조신설 1999.1.21]

제3조의5 (경매에 의한 임차권의 소멸) 임차권은 임차주택에 대하여 민사집행법에 의한 경매가 행하여진 경우에는 그 임차주택의 경락에 의하여 소멸한다. 다만, 보증금이 전액 변제되지 아니한 대항력이 있는 임차권은 그러하지 아니하다. 〈개정 2002.1.26〉

[본조신설 1999.1.21]

제4조 (임대차기간등 〈개정 1983.12.30〉) ①기간의 정함이 없거나 기간을 2년 미만으로 정한 임대차는 그 기간을 2년으로 본다. 다만, 임대인은 2년 미만으로 정한 기간이 유효함을 주장할 수 있다. 〈개정 1989.12.30, 1999.1.21〉

②임대차가 종료한 경우에도 임차인이 보증금를 반환받을 때까지는 임대차관계는 존속하는 것으로 본다. 〈신설 1983.12.30〉

제5조 삭제〈1989.12.30〉

제6조 (계약의 갱신) ①임대인이 임대차기간 만료전 6월부터 1월까지에 임차인에 대하여 갱신거절의 통지 또는 조건을 변경하지 아니하면 갱신하지 아니한다는 뜻의 통지를 하지 아니한 경우에는 그 기간이 만료된 때에 전임대차와 동일한 조건으로 다시 임대차한 것으로 본다. 임차인이 임대차기간 만료전 1월까지 통지하지 아니한 때에도 또한 같다.〈개정 1999.1.21〉

②제1항의 경우 임대차의 존속기간은 정함이 없는 것으로 본다.〈신설 1999.1.21〉

③2기의 차임액에 달하도록 차임을 연체하거나 기타 임차인으로서의 의무를 현저히 위반한 임차인에 대하여는 제1항의 규정을 적용하지 아니한다.

제6조의2 (묵시적 갱신의 경우의 계약의 해지) ①제6조 제1항의 경우 임차인은 언제든지 임대인에 대하여 계약해지의 통지를 할 수 있다.

②제1항의 규정에 의한 해지는 임대인이 그 통지를 받은 날부터 3월이 경과하면 그 효력이 발생한다.

[본조신설 1999.1.21]

제7조 (차임등의 증감청구권) 약정한 차임 또는 보증금이 임차주택에 관한 조세·공과금 기타 부담의 증가나 경제사정의 변동으로 인하여 상당하지 아니하게 된 때에는 당사자는 장래에 대하여 그 증감을 청구할 수 있다. 그러나 증액의 경우에는 대통령령이 정하는 기준에 따른 비율을 초과하지 못한다.

[본조신설 1983.12.30]

제7조의2 (월차임 전환시 산정률의 제한) 보증금의 전부 또는 일부를 월 단위의 차임으로 전환하는 경우에는 그 전환되는 금액에 은행법에 의한 금융기관에서 적용하는 대출금리 및 당해 지역의 경제여건 등을 감안하여 대통령령이 정하는 비율을 곱한 월차임의 범위를 초과할 수 없다.

[본조신설 2001.12.29]

제8조 (보증금중 일정액의 보호) ①임차인은 보증금중 일정액을 다른 담보물권자보다 우선하여 변제받을 권리가 있다. 이 경우 임차인은 주택에 대한 경매신청의 등기전에 제3조 제1항의 요건을 갖추어야 한다.

②제3조의 2 제4항 내지 제6항의 규정은 제1항의 경우에 이를 준용한다.〈개정 1999.1.21〉

③제1항의 규정에 의하여 우선변제를 받을 임차인 및 보증금 중 일정액의 범위와 기준은 주택가액(대지의 가액을 포함한다)의 2분의 1의 범위 안에서 대통령령으로 정한다.

[전문개정 1989.12.30]

제9조 (주택의 임차권의 승계) ①임차인이 상속권자없이 사망한 경우에 그 주택에서 가정공동생활을 하던 사실상의 혼인관계에 있는 자는 임차인의 권리와 의무를 승계한다.

②임차인이 사망한 경우에 사망당시 상속권자가 그 주택에서 가정공동생활을 하고 있지 아니한 때에는 그 주택에서 가정공동생활을 하던 사실상의 혼인 관계에 있는 자와 2촌 이내의 친족은 공동으로 임차인의 권리와 의무를 승계한다.

③제1항 및 제2항의 경우에 임차인이 사망한 후 1월 이내에 임대인에 대하여 반대의사를 표시한 때에는 그러하지 아니하다.

④제1항 및 제2항의 경우에 임대차관계에서 생긴 채권·채무는 임차인의 권리의무를 승계한 자에게 귀속한다.

[본조신설 1983.12.30]

제10조 (강행규정) 이 법의 규정에 위반된 약정으로서 임차인에게 불리한 것은 그 효력이 없다.

[제7조에서 이동⟨1983.12.30⟩]

제11조 (일시사용을 위한 임대차) 이 법은 일시사용을 위한 임대차임이 명백한 경우에는 이를 적용하지 아니한다.

[제8조에서 이동⟨1983.12.30⟩]

제12조 (미등기전세에의 준용) 이 법은 주택의 등기하지 아니한 전세계약에 관하여 이를 준용한다. 이 경우 "전세금"은 "임대차의 보증금"으로 본다.

[본조신설 1983.12.30]

제13조 (소액사건심판법의 준용) 소액사건심판법 제6조·제7조·제10조 및 제11조의 2의 규정은 임차인이 임대인에 대하여 제기하는 보증금반환청구소송에 관하여 이를 준용한다.

[본조신설 1999.1.21]

부칙 ⟨제3379호,1981.3.5⟩

①(시행일) 이 법은 공포한 날로부터 시행한다.

②(경과조치) 이 법은 이 법 시행후 체결되거나 갱신된 임대차에 이를 적용한다. 다만, 제3조의 규정은 이 법 시행당시 존속중인 임대차에 대하여도 이를 적용하되 이 법 시행전에 물권을 취득한 제3자에 대하여는 그 효력이 없다.

부칙 ⟨제3682호,1983.12.30⟩

①(시행일) 이 법은 1984년 1월 1일부터 시행한다.

②(경과조치의 원칙) 이 법은 특별한 규정이 있는 경우를 제외하고는 이 법 시행전에 생긴 사항에 대하여도 이를 적용한다. 그러나 종전의 규정에 의하여 생긴 효력에는 영향을 미치지 아니한다.

③(차임등의 증액청구에 관한 경과조치) 제7조 단서의 개정규정은 이 법 시행전에 차임등의 증액청구가 있은 경우에는 이를 적용하지 아니한다.

④(소액보증금의 보호에 관한 경과조치) 제8조의 개정규정은 이 법 시행전에 임차 주택에 대

하여 담보물권을 취득한 자에 대하여는 이를 적용하지 아니한다.

부칙 〈제4188호, 1989.12.30〉

①(시행일) 이 법은 공포한 날부터 시행한다.

②(존속중인 임대차에 관한 경과조치) 이 법은 특별한 규정이 있는 경우를 제외하고는 이 법 시행당시에 존속중인 임대차에 대하여도 이를 적용한다.

③(담보물권자에 대한 경과조치) 이 법 시행전에 임차주택에 대하여 담보물권을 취득한 자에 대하여는 종전의 규정에 의한다.

④(임대차기간에 대한 경과조치) 이 법 시행당시 존속중인 임대차의 기간에 대하여는 종전의 규정에 의한다.

⑤(소액보증금에 관한 경과조치) 이 법 시행당시 종전의 제8조의 규정에 의한 소액보증금에 해당하는 경우에는 종전의 규정에 의한다.

부칙(정부부처명칭 등의 변경에 따른 건축법 등의 정비에 관한 법률) 〈제5454호, 1997.12.13〉

이 법은 1998년 1월 1일부터 시행한다. 〈단서 생략〉

부칙 〈제5641호, 1999.1.21〉

①(시행일) 이 법은 1999년 3월 1일부터 시행한다.

②(존속중인 임대차에 관한 경과조치) 이 법은 특별한 규정이 있는 경우를 제외하고는 이 법 시행당시 존속중인 임대차에 대하여도 이를 적용한다.

③(임대차등기에 관한 경과조치) 제3조의 4의 개정규정은 이 법 시행전에 이미 경료된 임대차등기에 대하여는 이를 적용하지 아니한다.

부칙 〈제6541호, 2001.12.29〉

이 법은 공포 후 6월이 경과한 날부터 시행한다.

부칙(민사집행법) 〈제6627호, 2002.1.26〉

제1조 (시행일) 이 법은 2002년 7월 1일부터 시행한다.

제2조 내지 제5조 생략

제6조 (다른 법률의 개정) ①내지 〈41〉생략

〈42〉주택임대차보호법 중 다음과 같이 개정한다.

제3조의2제1항중 "채무명의"를 "집행권원"으로, "민사소송법 제491조의 2"를 "민사집행법 제41조"로 하고, 같은 조 제2항 중 "민사소송법"을 "민사집행법"으로 하며, 같은조 제5항 중 "민사소송법 제590조 내지 제597조"를 "민사집행법 제152조 내지 제161조"로 한다.

제3조의3제3항중 "민사소송법 제700조 제1항, 제701조, 제703조, 제704조, 제706조 제1항·제3항·제4항 전단, 제707조, 제710조"를 "민사집행법 제280조 제1항, 제281조, 제283조, 제285조, 제286조, 제288조 제1항·제2항·제3항 전단, 제289조 제1항 내지 제4항, 제290조 제2항 중 제288조 제1항에 대한 부분, 제291조, 제293조"로 한다.

제3조의5 본문중 "민사소송법"을 "민사집행법"으로 한다.

〈43〉내지 〈55〉생략

제7조 생략

∷∷∷∷ 상가건물임대차보호법 ∷∷∷∷

[일부개정 2002.8.26 법률 제06718호]

제1조 (목적) 이 법은 상가건물 임대차에 관하여 민법에 대한 특례를 규정함으로써 국민 경제생활의 안정을 보장함을 목적으로 한다.

제2조 (적용범위) ①이 법은 상가건물(제3조 제1항의 규정에 의한 사업자등록의 대상이 되는 건물을 말한다)의 임대차(임대차 목적물의 주된 부분을 영업용으로 사용하는 경우를 포함한다)에 대하여 적용한다. 다만, 대통령령이 정하는 보증금액을 초과하는 임대차에 대하여는 그러하지 아니하다.

②제1항 단서의 규정에 의한 보증금액을 정함에 있어서는 당해 지역의 경제 여건 및 임대차 목적물의 규모 등을 감안하여 지역별로 구분하여 규정하되, 보증금 외에 차임이 있는 경우에는 그 차임액에 은행법에 의한 금융기관의 대출금리 등을 감안하여 대통령령이 정하는 비율을 곱하여 환산한 금액을 포함하여야 한다.

제3조 (대항력 등) ①임대차는 그 등기가 없는 경우에도 임차인이 건물의 인도와 부가가치세법 제5조, 소득세법 제168조 또는 법인세법 제111조의 규정에 의한 사업자등록을 신청한 때에는 그 다음 날부터 제3자에 대하여 효력이 생긴다.

②임차건물의 양수인(그 밖에 임대할 권리를 승계한 자를 포함한다)은 임대인의 지위를 승계한 것으로 본다.

③민법 제575조제1항·제3항 및 제578조의 규정은 이 법에 의하여 임대차의 목적이 된 건물이 매매 또는 경매의 목적물이 된 경우에 이를 준용한다.

④민법 제536조의 규정은 제3항의 경우에 이를 준용한다.

제4조 (등록사항 등의 열람·제공) ①건물의 임대차에 이해관계가 있는 자는 건물의 소재지 관할 세무서장에게 다음 각호의 사항의 열람 또는 제공을 요청 할 수 있다. 이때 관할 세무서장은 정당한 사유없이 이를 거부할 수 없다.

1. 임대인·임차인의 성명, 주소, 주민등록번호(임대인·임차인이 법인 또는 법인아닌 단체인 경우에는 법인명 또는 단체명, 대표자, 법인등록번호, 본점·사업장소재지)
2. 건물의 소재지, 임대차 목적물 및 면적
3. 사업자등록 신청일
4. 사업자등록 신청일 당시의 보증금 및 차임, 임대차기간
5. 임대차계약서상의 확정일자를 받은 날
6. 임대차계약이 변경 또는 갱신된 경우에는 변경된 일자, 보증금 및 차임, 임대차기간, 새로운 확정일자를 받은 날
7. 그 밖에 대통령령이 정하는 사항

②제1항의 규정에 의한 자료의 열람 및 제공과 관련하여 필요한 사항에 대하여는 대통령령으로 정한다.

제5조 (보증금의 회수) ①임차인이 임차건물에 대하여 보증금반환청구소송의 확정판결 그 밖에 이에 준하는 집행권원에 기한 경매를 신청하는 경우에는 민사집행법 제41조의 규정에 불구하고 반대의무의 이행 또는 이행의 제공을 집행개시의 요건으로 하지 아니한다.

②제3조 제1항의 대항요건을 갖추고 관할 세무서장으로부터 임대차계약서상의 확정일자를 받은 임차인은 민사집행법에 의한 경매 또는 국세징수법에 의한 공매시 임차건물(임대인 소유의 대지를 포함한다)의 환가대금에서 후순위권리자 그 밖의 채권자보다 우선하여 보증금을 변제받을 권리가 있다.

③임차인은 임차건물을 양수인에게 인도하지 아니하면 제2항의 규정에 의한 보증금을 수령할 수 없다.

④제2항의 규정에 의한 우선변제의 순위와 보증금에 대하여 이의가 있는 이해 관계인은 경매법원 또는 체납처분청에 이의를 신청할 수 있다.

⑤민사집행법 제152조 내지 제161조의 규정은 제4항의 규정에 의하여 경매법원에 이의를 신청하는 경우에 이를 준용한다.

⑥제4항의 규정에 의하여 이의신청을 받은 체납처분청은 이해관계인이 이의신청일부터 7일 이내에 임차인을 상대로 소를 제기한 것을 증명한 때에는 당해 소송의 종결시까지 이의가 신청된 범위안에서 임차인에 대한 보증금의 변제를 유보하고 잔여금액을 배분하여야 한다. 이 경우 유보된 보증금은 소송의 결과에 따라 배분한다.

제6조 (임차권등기명령) ①임대차가 종료된 후 보증금을 반환받지 못한 임차인은 임차건물의 소재지를 관할하는 지방법원·지방법원지원 또는 시·군법원 에 임차권등기명령을 신청할 수 있다.

②임차권등기명령의 신청에는 다음 각호의 사항을 기재하여야 하며, 신청의 이유 및 임차권등기의 원인이 된 사실은 이를 소명하여야 한다.

1. 신청의 취지 및 이유

2. 임대차의 목적인 건물(임대차의 목적이 건물의 일부분인 경우에는 그 도면을 첨부한다)

3. 임차권등기의 원인이 된 사실(임차인이 제3조제1항의 규정에 의한 대항력을 취득하였거나 제5조 제2항의 규정에 의한 우선변제권을 취득한 경우에는 그 사실)

4. 그 밖에 대법원규칙이 정하는 사항

③민사집행법 제280조 제1항, 제281조, 제283조, 제285조, 제286조, 제288조 제1항·제2항·제3항 본문, 제289조 제1항 내지 제4항, 제290조 제2항 중 제 288조 제1항에 대한 부분, 제291조, 제293조의 규정은 임차권등기명령의 신청에 대한 재판, 임차권등기명령의 결정에 대한 임대인의 이의신청 및 그에 대한 재판, 임차권등기명령의 취소신청 및 그에 대한 재판 또는 임차권등기 명령의 집행 등에 관하여 이를 준용한다. 이 경우 "가압류"는 "임차권등기"로, "채권자"는 "임차인"으로, "채무자"는 "임대인"으로 본다.

④임차권등기명령신청을 기각하는 결정에 대하여 임차인은 항고할 수 있다.

⑤임차권등기명령의 집행에 의한 임차권등기가 경료되면 임차인은 제3조 제1항의 규정에 의한 대항력 및 제5조 제2항의 규정에 의한 우선변제권을 취득한다. 다만, 임차인이 임차권등기 이전에 이미 대항력 또는 우선변제권을 취득한 경우에는 그 대항력 또는 우선변제권이 그대로 유지되며, 임차권등기 이후에는 제3조 제1항의 대항요건을 상실하더라도 이미 취득한 대항력 또는 우선변제권을 상실하지 아니한다.

⑥임차권등기명령의 집행에 의한 임차권등기가 경료된 건물(임대차의 목적이 건물의 일부분인 경우에는 해당 부분에 한한다)을 그 이후에 임차한 임차인은 제14조의 규정에 의한 우선변제를 받을 권리가 없다.

⑦임차권등기의 촉탁, 등기관의 임차권등기 기입 등 임차권등기명령의 시행에 관하여 필요한 사항은 대법원규칙으로 정한다.

⑧임차인은 제1항의 규정에 의한 임차권등기명령의 신청 및 그에 따른 임차권 등기와 관련하여 소요된 비용을 임대인에게 청구할 수 있다.

제7조 (민법의 규정에 의한 임대차등기의 효력 등) ①제6조 제5항 및 제6항의 규정은 민법 제621조의 규정에 의한 건물임대차등기의 효력에 관하여 이를 준용한다.

②임차인이 대항력 또는 우선변제권을 갖추고 민법 제621조 제1항의 규정에 의하여 임대인의 협력을 얻어 임대차등기를 신청하는 경우에는 신청서에 부동산등기법 제156조에 규정된 사항 외에 다음 각호의 사항을 기재하여야 하며, 이를 증명할 수 있는 서면(임대차의 목적이 건물의 일부분인 경우에는 해당부분의 도면을 포함한다)을 첨부하여야 한다.

1. 사업자등록을 신청한 날
2. 임차건물을 점유한 날
3. 임대차계약서상의 확정일자를 받은 날

제8조 (경매에 의한 임차권의 소멸) 임차권은 임차건물에 대하여 민사집행법에 의한 경매가 행하여진 경우에는 그 임차건물의 경락에 의하여 소멸한다. 다만, 보증금이 전액 변제되지 아니한 대항력이 있는 임차권은 그러하지 아니하다.

제9조 (임대차기간 등) ①기간의 정함이 없거나 기간을 1년 미만으로 정한 임대차는 그 기간을 1년으로 본다. 다만, 임차인은 1년 미만으로 정한 기간이 유효함을 주장할 수 있다.

②임대차가 종료한 경우에도 임차인이 보증금을 반환받을 때까지는 임대차 관계는 존속하는 것으로 본다.

제10조 (계약갱신 요구 등) ①임대인은 임차인이 임대차기간 만료전 6월부터 1월까지 사이에 행하는 계약갱신 요구에 대하여 정당한 사유없이 이를 거절하지 못한다. 다만, 다음 각호의 1의 경우에는 그러하지 아니하다.

1. 임차인이 3기의 차임액에 달하도록 차임을 연체한 사실이 있는 경우
2. 임차인이 거짓 그 밖의 부정한 방법으로 임차한 경우
3. 쌍방 합의하에 임대인이 임차인에게 상당한 보상을 제공한 경우
4. 임차인이 임대인의 동의 없이 목적 건물의 전부 또는 일부를 전대한 경우
5. 임차인이 임차한 건물의 전부 또는 일부를 고의 또는 중대한 과실로 파손 한 경우
6. 임차한 건물의 전부 또는 일부가 멸실되어 임대차의 목적을 달성하지 못할 경우
7. 임대인이 목적 건물의 전부 또는 대부분을 철거하거나 재건축하기 위해 목적 건물의 점유 회복이 필요한 경우
8. 그 밖에 임차인이 임차인으로서의 의무를 현저히 위반하거나 임대차를 존속하기 어려운 중대한 사유가 있는 경우

②임차인의 계약갱신요구권은 최초의 임대차 기간을 포함한 전체 임대차 기간이 5년을 초과하지 않는 범위 내에서만 행사할 수 있다.

③갱신되는 임대차는 전 임대차와 동일한 조건으로 다시 계약된 것으로 본다. 다만, 차임과 보증금은 제11조의 규정에 의한 범위 안에서 증감할 수 있다.

④임대인이 제1항의 기간 이내에 임차인에 대하여 갱신거절의 통지 또는 조건의 변경에 대한 통지를 하지 아니한 경우에는 그 기간이 만료된 때에 전임대차와 동일한 조건으로 다시 임대차한 것으로 본다. 이 경우에 임대차의 존속 기간은 정함이 없는 것으로 본다.

⑤제4항의 경우 임차인은 언제든지 임대인에 대하여 계약해지의 통고를 할 수 있고, 임대인이 그 통고를 받은 날부터 3월이 경과하면 그 효력이 발생한다.

제11조 (차임 등의 증감청구권) ①차임 또는 보증금이 임차건물에 관한 조세, 공과금 그 밖의 부담의 증감이나 경제사정의 변동으로 인하여 상당하지 아니하게 된 때에는 당사자는 장래에 대하여 그 증감을 청구할 수 있다. 그러나 증액의 경우에는 대통령령이 정하는 기준에 따른 비율을 초과하지 못한다.

②제1항의 규정에 의한 증액청구는 임대차계약 또는 약정한 차임 등의 증액이 있은 후 1년 이내에는 이를 하지 못한다.

제12조 (월차임 전환시 산정률의 제한) 보증금의 전부 또는 일부를 월 단위의 차임으로 전환하는 경우에는 그 전환되는 금액에 은행법에 의한 금융기관에서 적용하는 대출금리 및 당해 지역의 경제여건 등을 감안하여 대통령령이 정하는 비율을 곱한 월차임의 범위를 초과할 수 없다.

제13조 (전대차관계에 대한 적용 등) ①제10조 내지 제12조의 규정은 전대인과 전차인의 전대차관계에 적용한다.

②임대인의 동의를 받고 전대차계약을 체결한 전차인은 임차인의 계약갱신요구권 행사기간 범위내에서 임차인을 대위하여 임대인에게 계약갱신요구권을 행사할 수 있다.

제14조 (보증금중 일정액의 보호) ①임차인은 보증금중 일정액을 다른 담보물권자보다 우선하여 변제받을 권리가 있다. 이 경우 임차인은 건물에 대한 경매신청의 등기 전에 제3조 제1항의 요건을 갖추어야 한다.

②제5조 제4항 내지 제6항의 규정은 제1항의 경우에 이를 준용한다.

③제1항의 규정에 의하여 우선변제를 받을 임차인 및 보증금 중 일정액의 범위와 기준은 임대건물가액(임대인 소유의 대지 가액을 포함한다)의 3분의 1의 범위 안에서 당해 지역의 경제여건, 보증금 및 차임 등을 고려하여 대통령령으로 정한다.

제15조 (강행규정) 이 법의 규정에 위반된 약정으로서 임차인에게 불리한 것은 그 효력이 없다.

제16조 (일시사용을 위한 임대차) 이 법은 일시사용을 위한 임대차임이 명백한 경우에는 이를 적용하지 아니한다.

제17조 (미등기전세에의 준용) 이 법은 목적건물의 등기하지 아니한 전세계약에 관하여 이를 준용한다. 이 경우 "전세금"은 "임대차의 보증금"으로 본다.

제18조 (소액사건심판법의 준용) 소액사건심판법 제6조 · 제7조 · 제10조 및 제 11조의 2의 규정은 임차인이 임대인에 대하여 제기하는 보증금반환청구소송에 관하여 이를 준용한다.

부칙 〈제6542호, 2001.12.29〉

①(시행일) 이 법은 2002년 11월 1일부터 시행한다. 〈개정 2002.8.26〉

②(적용례) 이 법은 이 법 시행후 체결되거나 갱신된 임대차부터 적용한다. 다만, 제3조 · 제5조 및 제14조의 규정은 이 법 시행당시 존속중인 임대차에 대하여도 이를 적용하되, 이 법 시행 전에 물권을 취득한 제3자에 대하여는 그 효력이 없다.

③(기존 임차인의 확정일자 신청에 대한 경과조치) 이 법 시행당시의 임차인으로서 제5조의 규정에 의한 보증금 우선변제의 보호를 받고자 하는 자는 이 법 시행 전에 대통령령이 정하는 바에 따라 건물의 소재지 관할 세무서장에게 임대차계 약서상의 확정일자를 신청할 수 있다.

부칙 〈제6718호, 2002.8.26〉

이 법은 공포한 날부터 시행한다.

따라만 해도 100% 성공하는

부동산경매

펴낸날 2004년 10월 9일 초판 1쇄

지은이 김종국
펴낸이 김민홍
펴낸곳 매경출판(주)
등록 2003년 4월 24일(No. 2-3759)
주소 우)100-728 서울 중구 필동1가 30번지 매경미디어센터 3F
전화 02)2000-2630(기획팀) 02)2000-2645(영업팀) **팩스** 02)2000-2609
이메일 sy9750@mk.co.kr

ISBN 89-7442-310-3

값 12,000원